ESPIRITU DE LA LETRA

«Al margen del libro»

Obras de José Ortega y Gasset
Colección editada por Paulino Garagorri
(nuevas ediciones revisadas y ampliadas con textos inéditos)

Publicadas:

1. *Sobre la razón histórica* (obra inédita).
2. *La rebelión de las masas.*
3. *La idea de principio en Leibniz y la evolución de la teoría deductiva.*
4. *Una interpretación de la historia universal. (En torno a Toynbee).*
5. *¿Qué es filosofía?*
6. *Papeles sobre Velázquez y Goya.*
7. *Estudios sobre el amor.*
8. *El hombre y la gente.*
9. *Ensayos sobre la «generación del 98» y otros escritores españoles contemporáneos.*
10. *La deshumanización del arte.*
11. *Meditación del pueblo joven y otros ensayos sobre los pueblos americanos.*
12. *Origen y epílogo de la filosofía.*
13. *España invertebrada.*
14. *Unas lecciones de metafísica.*
15. *Historia como sistema.*
16. *El tema de nuestro tiempo.*
17. *Meditaciones del Quijote.*
18. *En torno a Galileo.*
19. *Ideas sobre el teatro y la novela.*
20. *Investigaciones psicológicas* (obra inédita).
21. *Meditación de la técnica y otros ensayos sobre ciencia y filosofía.*
22. *Misión de la Universidad.*
23. *Kant - Hegel - Scheler.*
24. *Goethe - Dilthey.*
25. *¿Qué es conocimiento?* (obra inédita).
26. *Europa y la Idea de nación.*
27. *Las Atlántidas y Del Imperio Romano.*

En prensa:

Ideas y creencias.

ORTEGA
Y GASSET

ESPIRITU DE LA LETRA

«Al margen del libro»

REVISTA DE OCCIDENTE EN
ALIANZA EDITORIAL

Calle Milán, 38, 28043 Madrid; tel. 200 00 45
ISBN: 84-206-4128-6
Depósito legal: M. 5.405-1986
Papel fabricado por Sniace, S. A.
Impreso en Closas-Orcoyen, S. L. Polígono Igarsa
Paracuellos de Jarama (Madrid)
Printed in Spain

INDICE

Al margen del libro

NOTA PRELIMINAR

Cuando el libro Espíritu de la letra *se publicó en 1927 llevaba al frente la siguiente advertencia del autor: «Desde diciembre de 1926 dedico semanalmente un folletón de* El Sol *a comentar un libro o estudio que el azar de su reciente publicación trae a mis manos. Más que un menester crítico, me he propuesto en estas notas sobre libros revivir y remover, espumar y prolongar los temas sustantivos que el volumen trataba o sugería. Nunca he podido leer las páginas de un libro sin que por deliciosa repercusión se levantasen dentro de mí bandadas de pensamientos, cuyo vuelo diverso ha amenizado mi vida. En estos artículos que ahora reúno bajo el título de "Espíritu de la Letra", he procurado capturar la ruta aérea de algunos de esos pájaros interiores».*

Al reimprimirlo ahora en esta colección, y conforme al criterio de la misma, le agrego como segunda parte otros artículos análogos de Ortega, de fechas precedente y posterior, desde 1904 a 1935, que corresponden al mismo género literario, es decir, el breve comentario a la obra de un autor; si bien las «bandadas de pensamientos» que en cada fecha brotan de la mente de Ortega muestran preocupaciones muy dispares y revelan, sobre todo, el curso de la propia obra original del filósofo. Algunos de estos artículos aparecieron bajo el epígrafe genérico de «Al margen del libro» y por ello lo conservo como título de esa segunda parte, y como subtítulo de este nuevo volumen de la colección «Obras de José Ortega y Gasset».

En su advertencia —de 1927— Ortega reduce el «menester crítico» entre los alcances de sus propósitos. Sin embargo, en verdad, sí lo ejerce pero conforme a un propio criterio que había formulado al comienzo de sus Meditaciones del Quijote *(1914) y que me parece oportuno reproducir en este lugar: «...acaso parezca al lector que se habla [en estas páginas] relativamente poco del tema concreto a que se refieren. Son, en efecto, estudios de crítica; pero yo creo que no es la misión importante de ésta tasar las obras literarias, distribuyéndolas en buenas o malas. Cada día me interesa menos sentenciar; a ser juez de las cosas, voy prefiriendo ser su amante. Veo en la crítica un fervoroso esfuerzo para potenciar la obra elegida. La crítica no es biografía [del autor de la obra], ni se justifica como labor independiente si no se propone completar la obra. Esto quiere decir, por lo pronto, que el crítico ha de introducir en su trabajo todos aquellos utensilios sentimentales e ideológicos merced a los cuales puede el lector medio recibir la impresión más intensa y clara de la obra, que sea posible. Procede orientar la crítica en un sentido afirmativo y dirigirla, más que a corregir al autor, a dotar al lector de un órgano visual más perfecto. La obra se completa completando su lectura».*

Hasta para el ingenio más creador la lectura de las obras ajenas constituye un alimento y un estímulo indispensable, pero hay muchas prácticas posibles en ese arte de leer y, en suma, aquí, en estas páginas Ortega ofrece el suyo, inspirado, según nos confiesa, por el amor y no por la intención de corregir sino por la positiva «afirmación». Por otra parte, la crítica literaria se ha convertido en nuestros días en un género literario intensamente discutido por sus pretensiones científicas: estamos en la hora de criticar al crítico. La aportación de Ortega a ese debate es oportuna y enriquecedora.

Todos los textos reproducidos se han revisado conforme a los originales o, en su caso, a las primeras ediciones de los mismos, y corregido algunas erratas.

PAULINO GARAGORRI.

ORIGENES DEL ESPAÑOL

GESTICULACION

Al señor, el honor. Me complace sobremanera iniciar esta serie de notas bibliográficas con algunos ademanes delante de un libro de Menéndez Pidal. Grandes gestos de admiración, de entusiasmo hacia la obra gigante —gestos menores de curiosidad, de duda—; luego, alguna mueca de leve descontento. El libro se titula: *Orígenes del español. Estado lingüístico de la península ibérica hasta el siglo* XI. No se trata precisamente de un cuento erótico. Y, sin embargo, el tema es de ternura —se habla de un niño: el idioma recién nacido, blando y mofletudo, lechal. Es un tratado del español balbuciente, que motiva cuestiones deliciosas, de esas que en toda sensibilidad específicamente intelectual despiertan largas voluptuosidades. (Porque no se puede dudar: se es intelectual en la medida en que se sea voluptuoso de problemas teóricos, de ideas. La actitud de ascetismo ante las ideas —eludirlas, reducir al mínimo su contacto y manoseo— es característica del pseudointelectual. Ya verán ustedes cómo éste se las arreglará para adoptar lo antes posible, frente a problemas teóricos, posturas políticas o religiosas o morales o prácticas. No cometerá nunca el pecado congénito al intelectual, el pecado de que éste nace, que le nutre, que le justifica: la delectación morosa en el problema como tal.)

Sin menoscabo de las anteriores, me parece ser ésta la obra más importante que hasta ahora ha publicado Menéndez Pidal. Su mente, bien labrada lustro tras lustro, mantenida bajo una disciplina rigorosa, llega en esta sazón a las mayores cosechas. Todo hace esperar que ahora vamos a recibir frecuentes y áureos frutos.

Es esta obra la más importante entre las suyas, por varias razones. En primer lugar, el tema es delicadísimo. Atacarlo implica ya generosa audacia. Toda cuestión de orígenes es peligrosa: el origen está siempre o muy en lo alto o muy en lo hondo. Exige ascensión o sumersión. Vértigo o ahogo. Al investigar los orígenes de un idioma, todo se vuelve difícil; hasta la materialidad de allegar los datos imprescindibles. El lingüista del habla contemporánea no tiene que moverse para hacer su botánica verbal. Por la mañana, con el desayuno, le entran el periódico. Basta. En el periódico puede herborizar. Pero, ¿dónde está el romance que se hablaba en el siglo IX? El botánico tiene que hacerse explorador, penetrar en la selva del archivo, un día y otro, para volver, los más, inane. ¡Gran jornada, en cambio, cuando se ha conseguido arrancar un vocablo, un solo vocablo, entre el boscaje espinoso de un cartulario! La labor consumada a este fin por Menéndez Pidal es incalculable. Sin embargo, apenas significa nada en comparación con lo que viene después. Para someter a tratamiento ese botín léxico el autor acumula toneladas de saber medievalista. La abundancia es tal que, para ser sincero, yo tendría que juzgarla excesiva y hacer notar que deforma la arquitectura del libro. (Es preciso que los hombres de ciencia vuelvan a caer en la cuenta de que escriben *libros*. Los mismos alemanes, que causaron originariamente el daño, comienzan a arrepentirse. Un libro de ciencia tiene que ser de ciencia: pero también tiene que ser un libro.)

Mas aún queda lo mejor: lo que vale más en la obra de Menéndez Pidal no es la infatigable exploración ni el cúmulo de saberes. Si no hubiese en ella más que esto, no merecería, con la pureza que lo reclama, el divino título de ciencia. Ciencia no es erudición, sino teoría. La laboriosidad de un erudito empieza a ser ciencia cuando moviliza los hechos y los saberes hacia una teoría. Para esto es menester un gran talento combinatorio compuesto en dosis compensadas de rigor y de audacia. Este es, a mi juicio, el don ejemplar de nuestro Pidal, hazañoso y mesurado a un tiempo bajo su barba florida, que empieza ya a cendrarse en buena plata. Esto, esto es lo que le eleva por encima de cuantos cultivan hoy en España los estudios históricos, lo que de él hace el más grande romanista entre los vivientes. ¡Señores, una vez más, ciencia no es saber! ¿Cómo va a serlo, si el padre de la ciencia, Sócrates, la definía más bien, como un docto no saber? El saber es la creencia segura de sí misma, a fuerza de hábito, manía o anquilosis, que posee el hombre no científico. La ciencia consiste en sustituir el saber que parecía seguro por una teoría, esto es, por algo siempre problemático. O dicho de otra manera: ciencia es aquello sobre lo cual cabe siempre discusión.

CINEMATICA DEL LENGUAJE

En este nuevo libro, la lingüística cambia de aspecto. Síntoma de ello son los mapas donde aparece la expansión de un fonema en diferentes épocas. Por ejemplo: hay un tiempo en que toda España dice *fierro*. Pocas generaciones después —según otro mapa— vemos que en una breve región la *f* ha sido eliminada por aspiración —*hierro*—: Cantabria. Algo más tarde, un tercer mapa nos muestra la *h* conquistando nuevas tierras. Si multiplicamos estos mapas fijando la expansión de la *f* y la *h* en fechas intermediarias, formaríamos una película cinematográfica, que nos daría el *movimiento histórico de esos sonidos*. Al complicar con la evolución de cada sonido en el tiempo su traslación en el espacio, la vieja lingüística renace convertida en *cinemática* o ciencia de movimientos. Ya está, pues, más cerca de lo que debe ser una ciencia de realidades. Sólo le falta un paso para transformarse en la física del lenguaje. Ese paso consistiría en añadir a la determinación de los movimientos o cambios tempoespaciales del lenguaje la investigación de las fuerzas que los engendran. La lingüística cinemática de este libro demanda, como su coronación, una lingüística dinámica. (Algún que otro germen de ella asoma en las postreras páginas.)

DOCTRINA

Pero veamos, en comprimido resumen, la doctrina de Pidal sobre la evolución del español.

El estrato más antiguo que encontramos es el idioma que se hablaba durante la dominación árabe, en el cual se perpetúan las formas de la época visigótica. Llevando los datos —que por fuerza son muy incompletos— a una fórmula un tanto exacerbada, diremos que entonces toda España habla poco más o menos lo mismo. Es el lenguaje que nos llega, principalmente, en documentos mozárabes, el romance visigótico, que coexiste con cierto latín.

Es de sumo interés para los efectos últimos —*que son la historia de España*— subrayar lo más característico de ese romance visigótico y de este latín oficial. Ambos, según Pidal, son arcaizantes, es decir, retrasados respecto a los romances franceses coetáneos y al latín transpirenaico. Otros dos rasgos, que no sorprenden tanto a Pidal como a mí, son éstos: la superlativa escasez de residuos góticos y la reducción del influjo árabe a nombres de utensilios y oficios, dejando intacta la sintaxis. Añádase a esto una observación que Pidal apunta refiriéndola a época algo posterior: «la menor variedad de formas fonéticas y léxicas de España, comparada con Italia y Francia» (página 542).

Si reunimos en un haz todos estos atributos, tendremos que el lenguaje español del siglo IX es muy homogéneo en toda la península, por tanto, pobre de variaciones[1]; que es arcaico, exento casi de goticismos y apenas enriquecido de arabismos.

Va para seis años que publiqué *España invertebrada* (1921). Este libro, indocumentado y arbitrario, no es más que la meditación sobre estos rasgos fundamentales que ahora Menéndez Pidal, con su autoridad insuperable, reconoce en el lenguaje peninsular del siglo IX. La coincidencia, por lo mismo que es de ella Pidal inocente, me corrobora y tonifica.

El segundo estrato —920 a 1067— coincide con la hegemonía leonesa. La diferencia no es grande. El lenguaje asturiano y leonés de la actualidad «conserva fielmente muchos de los rasgos que hemos averiguado como propios del romance de la edad visigótica» (534). Lo único nuevo es la germinación de Castilla: un nuevo poder político y una nueva inspiración idiomática. En la etapa siguiente —1067 a 1140—, los caracteres del castellano se declaran rápidos e invasores. «Castilla ha hecho a España» —decía yo en *España invertebrada*—. (Frase de dos filos, porque insinúa que Castilla no es

---

1 Pidal atribuye la pobreza de variaciones en el lenguaje de los siglos posteriores a la conquista uniforme realizada por Castilla de tres cuartas partes de la Península, y, en cambio, parte, como si fuese cosa natural, de un romance visigótico homogéneo. Yo, ignorante, pregunto con dramático interés: ¿Fueron homogéneas en esa misma época —la nuestra visigótica— Francia e Italia? Me daría gran pena si no hay siquiera doce españoles que perciban la enorme, fatídica importancia de esta pregunta, en apariencia tan mansa. Me daría gran pena, porque entonces tendría que decir dolorida, pero enérgicamente: ¡No hay doce españoles que hayan pensado en serio y en hondo sobre la historia de España!

España.) La ha hecho por su originalidad y su europeísmo. No podía yo esperar más admirable confirmación que la ofrecida —sin sospecharlo— por la obra de Pidal.

Castilla es primero el rincón cántabro.

Entonces era Castiella un pequeño rincón,
Era de castellanos Montes d'Oca mojón.

dice el *Poema de Fernán-González.* Apenas nacida comienza un nuevo estilo. Rompe con el derecho escrito, con el código visigótico. «Retengamos esta característica, que nos explicará la esencia del dialecto castellano. Y añadamos una curiosísima coincidencia: Castilla, que, caracterizada por su derecho consuetudinario local, se opone al derecho escrito dominante en el resto de España, es la región que da la lengua literaria principal de la península; cosa análoga pasa en Francia: el país se divide en dos regiones: la del Norte, de derecho consuetudinario, y la del Sur, de derecho escrito; la frontera territorial de estas dos grandes zonas coincide poco más o menos con la que es corriente considerar como frontera entre el francés y el provenzal, y la región de derecho consuetudinario es la que impuso su francés como lengua literaria por cima de la provenzal» (página 501). He aquí un ejemplo egregio del talento combinatorio a que antes aludía. Desearíamos, sin embargo, que Menéndez Pidal se explayase un poco más. ¿Por qué un pueblo europeo occidental, que en el siglo XI afirma su consuetudinarismo y localismo jurídicos, es el organizador de toda una nación, la francesa o la española? Yo espero que en la *Vida del Cid,* próxima a publicarse, se nos comunique la palabra del enigma. Pero temo que la explicación no nos satisfaga. En el pensamiento que dirige toda la producción de Pidal no hay más que dos puntos débiles. Un hombre tan cuidadoso, tan rigoroso, tan *científico* en el tratamiento del detalle, parte siempre de dos enormes supuestos que contrajo en la vaga atmósfera intelectual de su juventud y que usa sin previo examen, sin precisión. Uno es la creencia, perfectamente arbitraria, de que lo español en arte es el realismo. A esta creencia va aneja la convicción no menos arbitraria de que el realismo es la forma más elevada del arte. El otro supuesto, adoptado sin cautela suficiente, es la sobreestima de lo «popular». El primero de estos dos amores —más que de dos ideas se trata en Pidal de sus dos únicas pasiones— no dañará en la cuestión que ahora tocamos. El segundo, sí. Temo, en efecto, que la afirmación del derecho local consuetudinario signifique para él el triunfo de lo popular y castizo, cuando, muy probablemente, equivale a todo lo contrario.

La prueba es que él mismo presenta a Castilla la consuetudinaria innovando a la vez en dirección opuesta: europeizadora y universalista. Fernando I de Castilla «no orienta ya su ideal de cultura hacia el Sur (arabismo), sino hacia Europa; era ferviente admirador del floreciente monasterio benedictino de Cluny». Rompe con el tradicional antiiconismo de las iglesias, que llena de crucifijos e imágenes. Su hijo Alfonso VI (1072-1109) es donado de Cluny y sigue la tradición de esta dinastía de origen navarro. Substituye la letra visigótica por la francesa, trae monjes cluniacenses, inicia los matrimonios reales con princesas extranjeras y recibe gente franca entre sus huestes, como aquel don «Kigelme Franco», importante vecino de Burgos.

¿Qué quiere decir, vuelvo a preguntar, esta conjunta afirmación de lo local y lo extranjero —europeo, universal—, que caracteriza, desde luego, a la acción castellana frente a los demás pueblos españoles y la hace apta para regentar y plasmar en nación la Península? Yo he dado a esta cuestión un intento de respuesta en 1921[1]; pero me interesaría mucho más la que pudiera dar Menéndez Pidal.

---

[1] [Es decir, en *España invertebrada*. Publicada en esta Colección.]

Los mapas del siglo XIII y posteriores nos ofrecen una España lingüística muy diferente de la del siglo IX. La homogeneidad se ha quebrado. Un principio idiomático nuevo ha entrado como una cuña en la masa uniforme y la ha escindido en tres zonas. Al Este y Oeste perdurará, con diversa evolución —gallega, bable, levantino—, el fondo mozárabe, visigótico, poco original, parejo a los demás romances extraibéricos. En medio se consolida un dialecto diferencial que se anticipa en muchos casos a las formas más tarde triunfantes, en los demás romances. El lenguaje castellano fue, desde luego, original y futurista. He aquí sus notas mayores: pérdida de la *f,* con aspiración en *h;* pérdida de la *g,* como en *enero* y *ermano;* aparición inexplicada, súbita, de la *j;* formación de la *ch* y de la *z;* conservación de la *o* en *ojo,* en *noche;* adelanto en fijar el diptongo *ue* ya en el siglo X (cuando dos y tres más tarde los demás vacilan aún entre *ua, ue, uo*). En fin, es el primer romance ibérico que cultiva la poesía.

Castilla es una espada, una política y una fonética nuevas.

LA FORMA COMO METODO HISTORICO

La *Investigación de los Evangelios Sinópticos* es un brevísimo folleto —36 páginas— de Rodolfo Bultmann, donde se resume admirablemente con insólita claridad el estado actual de la exégesis evangélica. No conozco obra más a propósito para una primera introducción en estas grandes cuestiones históricas, sobre las cuales ha derramado un siglo entero su esfuerzo generoso. Claro está que en tan pocas páginas sólo puede hallarse un aperitivo a la curiosidad y un índice de cuestiones.

¿Por qué en España no se habla de estos temas tan sugestivos y conmovedores? Apenas manuscrita la pregunta, advierto su ingenuidad. ¡Cualquiera diría que en España se habla de muchas cosas! Por desgracia, el alma de España es todavía muy provincial; el repertorio de asuntos que circulan por ella es reducido; el horizonte, de radio corto. Aún charlamos, como en las aldeas, del alcalde, del hijo del alcalde y de las poesías de su sobrino. Sin embargo, hay motivos para nutrir de optimismo la esperanza. Cuando se compara el repertorio de temas que hoy transitan por la mente pública con el que frecuentaba la España de 1900, la diferencia es gigante. Tal vez no exista país en Europa que en ese período haya ampliado parejamente su paisaje. Podemos decirlo con orgullo bien fundado: esa ampliación ha sido la obra de nuestra generación. Como ésta no ha muerto aún, antes bien, comienza a regentar la vida nacional, es lo más verosímil que el proceso de ampliación continúe en crecimiento multiplicado y que pronto en la mente de España —microcosmos— se refleje íntegro el universo —macrocosmos.

Pero volviendo al punto concreto de la historia del Cristianismo, no es admisible que en nuestro país se desatienda tan por completo. Sería injusto culpar de esto, como de tantas otras cosas, a la Iglesia católica. El catolicismo no es opuesto a que se busque claridad científica sobre el origen de su doctrina y organización. Precisamente es un rasgo muy característico de la situación a que han llegado estos estudios la casi paridad existente hoy entre un libro católico sobre historia del Cristianismo y un libro de autor sin confesión. Hay, claro está, productos extremos, como las obras de Drews y sus congéneres —donde se niega la existencia histórica de Jesús— que son incompatibles con el dogma católico. Pero estos productos no son más compatibles con la ciencia rigorosa. En cambio, puede decirse que la nota más conservadora —como luego apuntaré— ha sido dada no por un católico, ni por un protestante, ni siquiera por un exegeta de oficio, sino por un historiador puro, de máximo rango, que ha querido colocarse ante los textos cristianos, ni más ni menos que como antes se había colocado ante Tucídides o ante los jeroglíficos de Egipto. No se impute, pues, al catolicismo lo que es un defecto de curiosidad espontáneamente ibérico. En este ejemplo podemos ver con claridad que el *catolicismo* español está pagando deudas que no son suyas, sino del catolicismo *español.*

Nunca he comprendido cómo falta en España un núcleo de católicos entusiastas resueltos a libertar el catolicismo de todas las protuberancias, lacras y rémoras exclusivamente españolas que en aquél se han alojado y deforman su claro perfil. Ese núcleo de católicos podía dar cima a una doble y magnífica empresa: la depuración fecunda del catolicismo y la perfección de España. Pues tal y como hoy están las cosas, mutuamente se dañan: el catolicismo va lastrado con vicios españoles, y, viceversa, los vicios españoles se amparan y fortifican con frecuencia tras una máscara insincera de catolicismo. Como yo no creo que España pueda salir decisivamente al alta mar de la historia si no ayudan con entusiasmo y pureza a la maniobra los católicos nacionales, deploro sobremanera la ausencia de ese enérgico fermento en nuestra Iglesia oficial. Y el caso es que el catolicismo significa hoy, dondequiera, una fuerza de vanguardia, donde combaten mentes clarísimas, plenamente actuales y creadoras. Señor, ¿por qué no ha de acaecer lo mismo en nuestro país? ¿Por qué en España ha de ser admisible que muchas gentes usen el título de católicos como una patente que les excusa de refinar su intelecto y su sensibilidad y los convierte en rémora y estorbo para todo perfeccionamiento nacional? (Así se da el caso, verdaderamente grotesco, de que ciertas damas —atribuyéndose una representación de la Iglesia que está vedada a su sexo por San Pablo— intervienen en los asuntos más complicados, de que no entienden una sola palabra.) Viene a los labios, una vez y otra, la vieja plegaria patriótica del viejísimo poema sobre Fernán González:

Sennor, ¿por qué nos tienes a todos fuerte sanna?
¡Por los nuestros pecados, non destruiyas Espanna!

Se trata de construir España, de pulirla y dotarla magníficamente para el inmediato porvenir. Y es preciso que los católicos sientan el orgullo de su catolicismo y sepan hacer de él lo que fue en otras horas: un instrumento exquisito, rico de todas las gracias y destrezas actuales, apto para poner a España «en forma» ante la vida presente. Dejen, pues, de ser aldeanos y pónganse a trabajar en las cosas, y no a decir previamente si *Fulano* es de la *derecha* o de la *izquierda* (cuando no usan de una triste frase tomada al lenguaje presidiario: «Ese es de la otra cuerda»).

La investigación histórica ha llegado a ponernos en contacto inmediato con las personas que vivieron en torno a Jesús. Puede decirse que desde la fecha posterior a su muerte la historia del Cristianismo es tan clara o más que la de cualquier otro hecho humano que nos sea muy conocido. Vemos a los discípulos de Cristo recogerse en Jerusalén después de una breve dispersión y desconcierto producidos por su dramático fin. Asistimos a la vida exaltada de esa primitiva comunidad judeocristiana, que se agrupaba en derredor de Santiago, el «hermano del Señor», y de la Piedra apostólica.

De esta primigenia «Iglesia» —ya empezaba a llamarse así— distinguimos claramente otro tipo de Cristianismo, que germina entre los gentiles, suscitado por el fuego y la gesticulación apasionada de San Pablo. Ambas Iglesias tienen una raíz común, pero cada una tiene además raíces secundarias que son dispares. La Iglesia de Jerusalén sigue enraigada en la tradición judía, la Iglesia de los gentiles se nutre de una atmósfera helenística. Resultado de este doble clima espiritual son los Evangelios.

Para el historiador, la historia cristiana no empieza con éstos, sino con los «Hechos de los Apóstoles» y las Epístolas auténticas. Aquí puede tocar tierra firme documental, realidades anteriores al estado de espíritu que se condensa en los Evangelios. En estos años últimos ha crecido notablemente el coeficiente de confianza científica en el valor histórico de esta parte del Nuevo Testamento. Eduardo Meyer, el más grande historiador con que hoy cuenta Alemania, creyó forzoso muy recientemente revolverse contra la hipercrítica que venía tratando los «Hechos» y las Epístolas con un rigor injustificado. Tal que aplicándolo a cualesquiera otras fuentes ilustres, a Tucídides, por ejemplo, haría imposible intentar la historia de la guerra del Peloponeso. Meyer considera los «Hechos» como segunda parte de una obra histórica, cuya primera porción es el Evangelio de San Lucas. Reconoce en éste al compañero de San Pablo que la tradición postulaba y hasta acepta su título de médico. Los exegetas de oficio recibieron airadamente la actitud conservadora de Meyer, y aunque luego se han suavizado, aún quedan algunos incorruptibles. Bultmann debe ser uno de éstos, porque en su folleto no mienta para nada el formidable libro de Meyer[1].

Y, es el caso, que en 1911 un descubrimiento arqueológico venía a confirmar un nuevo detalle, en apariencia insignificante, de la obra de Lucas. En Delfos fue hallada una piedra con inscripción, donde el emperador Claudio hace referencia a su amigo Junio Gallio como procónsul en Acaia. La fecha de la inscripción —verano del 52— coincide exactamente con la noticia de los «Hechos» (XVIII, 12-17) que presenta a San Pablo acusado por los judíos de Corinto ante el procónsul Gallio. Esta confirmación que una piedra viene a dar de esta noticia afirma e ilumina históricamente grandes espacios de los textos cristianos primitivos.

Sabemos, pues, mucho sobre las personas y sus movimientos. En cambio, se ha complicado más que nunca la cuestión de cuáles fuesen las ideas anidadas en estas mentes cristianas de la hora primera. Antaño se creía posible deducir de la tradición judaica todo lo esencial del pensamiento cristiano. Pero la investigación sobre el paulinismo obligó a reconocer una influencia decisiva de las formas religiosas dominantes en el sincretismo helenístico. La historia cristiana se inclinó entonces hacia Grecia. Pero he aquí que una nueva corriente de investigación descubre en las ideas teológicas del Irán y Babilonia el verdadero origen de doctrinas que se habían atribuido al helenismo. El estado actualísimo de la

---

[1] Eduardo Meyer: *Origen y comienzos del Cristianismo*. Tres tomos, 1921-1923. Hay ya ediciones más recientes, que yo no he visto.

cuestión se caracteriza por el sugestivo combate entre los partidarios de la explicación helenística (Bousset, Heitmüller) y los partidarios de la explicación iraniobabilónica (Reitzenstein, Meyer). Estos últimos ven en los esenios, en San Juan Bautista, etc., ejemplos de la fermentación religiosa emanada de Persia y Babel.

Esta disensión no impide que exista gran acuerdo sobre temas de la mayor importancia, como es el orden de precedencia de los Evangelios. Hoy es general la opinión de que San Mateo y San Lucas proceden de San Marcos, si bien ambos usan además otra fuente perdida para nosotros, compuesta de «dichos» y sentencias de Jesús. Colecciones de este género debió de haber muchas antes de los Evangelios. La predicación obligaba a formar estas antologías de frases divinas, de narraciones de milagros, de escenas ejemplares espumadas de la vida del Señor.

El trabajo que hoy ocupa a los historiadores del Evangelio se desprende claramente de esta situación. Retrotraídos los demás sinópticos al libro de San Marcos, y reconociendo en éste una redacción de conjunto hecha sobre las primeras colecciones de «dichos» y «hechos», la cuestión está en separar la «redacción» de lo «redactado». De esta manera puede llegarse a reconstruir una serie de estrictas palabras y acciones de Jesús, libres por completo de la «forma» que el escritor evangélico —al fin y al cabo «escritor»— les ha dado. Los Evangelios, como las Epístolas y los libros de «Hechos Apostólicos», fueron en aquella fecunda época géneros literarios, que, como tales, tenían una «forma», una estructura predeterminada, dentro de la cual, la materia de la historia de Jesús, de su vida y doctrina, era plasmada. Lo importante para nosotros, para el cristiano como para el historiador del Cristianismo, es esta materia. Si estudiamos las leyes que regían aquellas «formas» de redacción, aquellos «géneros» literarios, podemos restarlas del producto y aislar en su pureza la materia viva, eléctrica, conmovedora, de los «hechos» y «dichos» de Jesús.

Este método, que se ha llamado «histórico formal, o de las formas», es acaso el rasgo distintivo de la filología actual frente a los usados por la generación anterior. Todas las literaturas van siendo sometidas a él y, es evidente, la fertilidad de sus resultados.

Pero este método implica que la actual generación cree en la realidad de las «formas» y de los «géneros». Sobre este asunto quería yo haber escrito el presente capítulo. Pero me encuentro al final con que sólo lo he mentado en el título. ¡Qué le vamos a hacer![1].

---

[1] Como sustitución de lo no dicho, indicaré alguna bibliografía, por si alguien se interesa en el tema. La exposición de conjunto mejor es el libro de E. Fascher: *El método histórico de las formas (Die formgeschichtliche Methode)*, 1924. — M. Dibelius: *La historia formal del Evangelio*, 1919. La actualidad del asunto queda demostrada por el hecho de dedicarle un estudio en su tercer cuaderno la magnífica revista nueva *Scholastik* (data su publicación de este mismo año), compuesta por los jesuitas de Valkenburg.

GALAPAGOS, EL FIN DEL MUNDO[1]

Van alegres sobre el lomo del mar, movidos por una sed de ciencia, de paisajes inusitados, de soledades telúricas. Salen de New York en el yate *Noma.* Son amigos de ocupación diversa: naturalista, médico, abogado, etc. Van dos amigas, dos muchachas esbeltas, gráciles, que vemos en los fotograbados del libro vestidas con trajes de baño: una será la dibujante de la expedición; otra será la cronista. Se trata de un capricho: visitar el archipiélago de los Galápagos, grupo de islas volcánicas, casi totalmente deshabitadas, que emergen en una fabulosa soledad del Pacífico, a 900 kilómetros de la costa ecuatoriana. Un viaje así, por cuenta propia y para fines científicos sólo es posible ya a americanos, los jóvenes del mundo, y recuerda los que iniciaron, cuando Hélade era joven, los griegos continentales. A las gentes de Asia y Egipto les sorprendía el viaje deportivo de Solón: viajar para ver *—theories héineken—,* viajar a causa de contem-

---

[1] William Beebe: *Galapagos, das Ende der Welt,* Brockhaus Leipzig, 1926.

plar, de teorizar, no con fines de guerra o comercio. En Europa no pueden ya hacerse estos viajes más que a costa del Estado, con lo cual se convierten en obligaciones y pierden su gracia. Yo no creo mucho en la obligación, como creía Kant; lo espero todo del entusiasmo. Siempre es más fecunda una ilusión que un deber. (Tal vez el papel de la obligación y del deber es subsidiario; hacen falta para llenar los huecos de la ilusión y el entusiasmo.) Para Europa, hoy, la gran cuestión no es un nuevo sistema de deberes, sino un nuevo programa de apetitos.

Este tropel de gente joven, elástica y sonrosada —fauna de gran *film*— nos arrastra en su alegría navegante y nos hace marchar con ellos. Desde que salimos de Jersey nos acompaña también una gaviota. Llevamos tres días de ruta —1.100 kilómetros— y el ave continúa su mágica escolta. ¿Por qué? ¿Qué instinto, como canino, mantiene en nuestra compañía a este volátil de grandes alas lentas que van diciendo «Adiós»? ¿Dónde duerme por las noches, mientras el *Noma* progresa en alta mar, empujado por su máquina nocturna? No conocemos nada decisivo del alma animal. Si nos inclinamos sobre la borda y miramos la estela del navío, vemos una familia de delfines que se obstina también en seguirnos día y noche. ¿Por qué esta amistad de los delfines hacia el hombre, que llamaba ya mitológicamente la atención de los antiguos? Avanzamos siempre por la vida entre el misterio innumerable de amistades y enemistades desconocidas.

El caso del delfín es de los más extraños. No sólo se apresura a juntarse con el hombre apenas lo presume, sino que va a su vera, dando tales brincos y volteretas, que ineludiblemente interpretamos su faena como un juego. Y no en el sentido en que pueda serlo el retozo del buche o la potranca, del gozque o del macaco, que es un mero reflejo de su vitalidad rebosante y produce un juego sin alma, un juego serio, sino en el sentido humano que hace del juego, a la vez, síntoma y expresión de la alegría.

A cuantos han visto la conducta del delfín entre las espumas se les ha impuesto con rara evidencia esta significación de jocundia. Y ella es la que, desde tiempo inmemorial, ha llevado a considerar los delfines como animales inesperadamente humanos. Porque, en efecto, es la alegría la grande originalidad del hombre en el repertorio de la creación. El dolor no nos es peculiar. En cambio, los escolásticos subrayan ya como un atributo específico de la humanidad la *risibilitas,* la aptitud para risa y sonrisa. «La alegría del delfín» fuera un espléndido título, bajo el cual, equívocamente, podría hacerse un profundo estudio de psicobiología o un *vaudeville.* Ello es que no basta para explicar el buen humor de los delfines su condición de mamíferos. Los demás mamíferos son serios, salvo el delfín y el hombre. ¿Cabe nada más mamífero y más serio que una vaca? La ubre no es garantía de eutrapelia. (Recuerdo haber leído hace muchos, muchos años, en la *Historia de la Literatura Española,* de Amador de los Ríos —que parece compuesta por la vaca más erudita— cierto epitafio existente en el sepulcro de un obispo medieval. En él se le llama *pius, largus, atque facoetus* —piadoso, benéfico y jovial. ¿Quién no ambicionaría pareja inscripción sobre su tumba, ya que ésta es inevitable?)

Por la noche, en el silencio, que el ruido habitual de la hélice no perturba, oímos junto a nosotros la respiración de los delfines como de humanos nadadores que resoplan en concurso hacia una boya festival.

Después de deslizarnos por el poro de Panamá, navegamos hacia el archipiélago. Días y días de alta mar, de soledad elemental. Las nubes viajeras emigran en hordas hacia Septentrión, pasando en orden guerrero la línea del Ecuador, como los bárbaros pasaban el *limes* romano.

¡Qué emoción al arribar junto a este rebaño de islas negras, perdidas en el Océano, bloques de lava bruna que terminan en una encía de cráteres! Como tantas otras, fueron estas islas descubiertas por los españoles. El español ha sido un magnífico desflorador de islas. Luego las dejaba olvidadas. Fue, como Ulises, un Don Juan de los mares. (¿Se ha estudiado a Ulises desde este ángulo? Porque es, evidentemente, la primera aparición de Don Juan. En su viaje no perdonó a ninguna de las feminidades superiores que ornaban el Mediterráneo. En cada isla había una mujer maravillosa, una mujer encantadora: Calipso, Circe, las Sirenas. Ulises encantaba a las encantadoras, pasaba junto a ellas, dejándolas a un tiempo transidas y burladas. Su emoción pudorosa al verse desnudo, con sus cuarenta años corridos, delante de la juvenil Nausicaa, es la emoción clásica del Don Juan decadente. Al tornar, por fin, a la vera de su conyugal tejedora, no se contenta con menos que con reconquistarla, triunfando de sus pretendientes.) Ello es que, luego de haber topado varias veces con estas islas, no había medio de encontrarlas. La insuficiente precisión de los instrumentos náuticos impedía entonces medir bien las distancias. La propensión a desaparecer de la ruta que estas islas mostraban inspiró a los españoles su primer nombre, que parece de Shakespeare: *Las Islas Encantadas*.

Tras ellos las visitaron los filibusteros ingleses, sobre todo Dampier; este hombre extraordinario, tan sabio y tan pirata, da las primeras noticias agudas sobre lo peculiar de este archipiélago. La abundancia de enormes tortugas impone la definitiva denominación: Galápagos. Estas tortugas, tan mansas que en poco rato podían cazarse a centenares, son un exquisito manjar. Cuando pasó la hora de los piratas llegó la de los balleneros, que atracaban aquí forzados por el escorbuto. A ellos se debe la casi desaparición de las tortugas. Porque advirtiendo que éstas pueden permanecer mucho tiempo sin comer, y sin perder, no obstante, carne, almacenaban en los sollados grandes cantidades de ellas. De este modo, sin frigorífico, aseguraban vianda fresca para mucho tiempo.

Pero la visita clásica que da al mínimo archipiélago una ilustre consagración fue la de Darwin mozo, que llegó aquí en 1835, a bordo del *Beagle*, y permaneció durante cinco semanas. Entonces recibió una magnífica iluminación. Sorprendido por la observación de que la flora y fauna de estas islas, sobre todo los pájaros, mostraban variedades adscritas a una o a un grupo de ellas —a pesar de ser las islas tan próximas—, concibió la idea de la selección natural; sin duda, una de las grandes ideas que han brotado hasta ahora en la mente humana. Como siempre, es un hecho afortunado— no muchos hechos, no muchos datos— quien dispara la fecunda intuición. Siglo y medio antes había sido una poma; ahora fue el pico de los sinsontes o pájaros mimos. Quien quiera formarse una idea verdaderamente precisa de lo que es la ciencia debe meditar sobre estas anécdotas.

Sin embargo, la escena mayor que estas islas oscuras ofrecen es otra. Los personajes de ella son, como en las fábulas, unos lagartos. En este rincón del planeta han venido a conservarse vivientes los últimos residuos de lo que fue fauna gigante de una edad desaparecida. El viaje que hacemos arrastrados por este tropel de amigos joviales y curiosos nos hace intimar con las dos hórridas iguanas: la de mar y la de tierra, representantes en postrera degeneración de la gran raza heráldica de los dragones, de los saurios. Cuando en la costa negra, sobre las rocas de lava que el mar fatiga o, pocos metros tierra adentro, en los descarpes agrios de aristas afiladas, que cortan como navajas el cuero de los zapatos, vemos los rebaños de ingentes lagartos antiguos, erizados de cascos dentados, moviéndose estúpidamente —con una estupidez distinta en su calidad de la estupidez frecuente en la actual etapa geológica—, nos parece morir a un vasto presente y renacer mágicamente en un premundo.

Estas iguanas, de armadura tremenda y mirada bondadosa, son de una mansedumbre inusitada. No hay modo de enfurecerlas. Uno de estos amigos agarra una por la cola, la hace girar violentamente en el aire y luego la despide a unos metros de distancia. El animal rebota sobre la tierra, se recobra y pacíficamente echa a andar hacia nuestro amigo, se acerca a él, mirándole con sus ojos milenarios, llenos de bondad prehumana, y aguanta seis veces seguidas el mismo trato sin variar de reacción. ¿A qué, pues, sus cimeras dentadas, sus garras, sus poderosos miembros, su tamaño, que a veces llega a un metro veinte?

Cuando antes hablaba de la alegría de los delfines debía haber hecho esta advertencia: hace cuarenta años, cualquiera sospecha fundada en alguna impresión fisiognómica hubiera parecido anticientífica. Hoy las cosas han variado. Aún se ignora por completo si es posible, o en qué medida lo es, aprovechar la expresión vital de un ser como indicio de su intimidad profunda. Pero ya no parece cosa tan anticientífica. Entrevemos leyes arcanas, aún no formuladas, que regulan el sentido de los gestos en todo ser viviente, y no creemos inverosímil que, a su través, podamos palpar en alguna manera el alma muda del animal. En este orden es sobremanera inquietador el aspecto fisiognómico de estos últimos saurios. Un no se sabe qué de más humano y a la vez menos humano —que en el resto de las especies actuales— parece rezumar de sus grandes órbitas quietas y unirse en contraste misterioso con la fiereza externa de sus formas. Por otro lado, la paleontología nos detiene siempre, con inconfesada preocupación, en la grande época de los reptiles.

Y he aquí que recientemente un famoso paleontólogo, desechando escrúpulos, se atreve a comunicarnos sus sospechas, sus presunciones, que le obsesionan como pesadillas. No puede probarlas sino a medias, y en ese estado intermedio de ciencia y visión nos las presenta. El libro de Edgar Dacqué, titulado *Mundo primario, fábula y humanidad (Urwelt, Sage und Menschheit)* quiere descubrirnos la autenticidad de los dragones imaginarios. Según él, el hombre, especie mucho más antigua de lo que se supone, convivió con ellos. Sólo que entonces el hombre ostentaba una forma corporal diferente de la actual. No puedo ahora referir, ni aun en grandes líneas, las ideas de Dacqué. Sólo indicaré cuál es su punto de partida. Si se comparan en conjunto las faunas de las distintas edades geológicas, salta a la vista que en cada una las especies, por variadas que sean, acusan una extraña unidad de estilo. En la época de los saurios no sólo ellos lo son, sino que el detalle de su línea formal repercute en todos los animales contemporáneos. Diríase que cada época, como un buen escultor, impone su estilo único el plasma viviente, trasponiendo a su «manera» las especies todas, como el artista modula los temas eternos. Habría, según esto, un hombre saurio, una preexistencia reptil de la humanidad.

Pero dejemos esto, que es de sobra complicado. Subrayamos sólo la mansedumbre de los animales en estas islas ásperas. Aún no han inventado el miedo al hombre. El ave de presa se deja manosear como si estuviese ya en un blasón. El león marino nos sigue como un perro.

Por cierto que, habiendo llevado a bordo un ejemplar joven de esta última especie, en cuanto puede se escapa de su jaula y, galopando sobre sus aletas —como un otario de circo—, se dirige al lugar de sus delicias. ¡Piense el lector un momento cuál puede ser la delicia escogida para un león marino en un yate norteamericano!... El joven león marino galopa hacia el salón y se sube en un asiento... para escuchar el gramófono.

ETICA DE LOS GRIEGOS[1]

I

Hay mucho que hablar de los griegos todavía. Por lo pronto, hay que deshablar casi todo lo que hasta aquí se había dicho de ellos.

Grecia es una piedra de toque para el intelectual. El sonido que emita su alma al tropezar con aquélla revelará sus cualidades últimas. Entonces se ve si es un hombre de meras frases, de posturas, de carantoñas, un lindo o, por el contrario, un hombre de intuiciones inmediatas, afanoso de sumergirse en las cosas y de transmigrar desde sí mismo a los objetos para volver, como el buzo, sucio, roto, pero cubierto de algas y auténtica fauna abismal.

Grecia es, probablemente, el secreto mayor de la historia europea; quiero decir de las naciones que florecen sobre las ruinas de Roma. ¿Es un secreto glorioso?

[1] Ernst Howald: *Ethik des Altertums*. Munich y Berlín, Oldenbourg, 1926.

¿Es una secreta lacra? Esta es precisamente la cuestión. Hace muchos años que la he insinuado. Dejemos a un lado toda hiperestesia de prelación. Lo importante es que *ahora* empiezan algunos autores de fuera a hacerse cargo del grave tema. Por supuesto, no es Spengler. Menos que nadie ha visto Spengler el problema, porque es la objeción más dura con que choca su doctrina. Se trata de que es la europea una cultura nacida y crecida en simbiosis con otra cultura extraña y muerta: la griega. No creo que este caso se haya dado en ninguna otra ocasión. Y ocurre preguntarse: Esa cultura anómalamente dual, de doble y antagónica raíz, ¿constituye un organismo unitario y saludable, o es un monstruo histórico, un caso de feroz parasitismo? Y si vale esto último, ¿quién es el parásito y quién el anfitrión?

La genial idea spengleriana de las pseudomorfosis históricas no puede aplicarse al fenómeno europeo. Porque la forma de unión entre lo helénico y lo nuestro no ha sido el injerto o la confusión de ambos elementos, sino algo mucho más sorprendente. Durante siglos y siglos, casi sin interrupción, siempre que la cultura europea buscaba su ideal se encontraba con que éste era la cultura griega. Nótese que lo más entrañable y eficiente de una cultura, la fuerza que en ella plasma y dirige todo lo demás, es el repertorio de anhelos, de normas, de *desiderata;* en suma: su ideal. Y aquí tenemos una cultura cuya idea, en parte por lo menos, está fuera de ella, precisamente en otra cultura. Este es el problema que aún no he visto formulado claramente y sobre el cual espero que se trabaje mucho en los próximos años. ¿No nos extrañaría un hombre, cuyo afán radical consistiese en dejar de ser él y convertirse en su vecino?

Al estar lo griego dentro de nosotros, a la manera en que está el ideal en su entusiasta, era forzoso que nuestra relación con la cultura helénica adoptase siempre un sesgo religioso o místico, no de rigoroso e imparcial examen. La forma de mirar a Grecia ha sido siempre extática, de adoración y de culto. No hay peor actitud para enterarse de lo que una cosa es: comienza dando a ésta por supuesta y se dedica desde luego a ejecutar ante el ídolo los grandes gestos rituales, el fervoroso descoyuntamiento. «¡Ah! ¡Oh! ¡Grecia! ¡El clasicismo!»

Existe una beatería de lo griego. De todo cabe una beatería. Como la hay religiosa, la hay política. Casi todos los políticos radicales son, sincera o fingidamente, beatos de la democracia. Pues bien: existe una beatería de la cultura en general y del helenismo en particular. Y es curioso notar que, dondequiera, se presenta la beatería con idénticos síntomas: tendencia al deliquio y al aspaviento, postura de ojos en blanco, gesto de desolación irremediable ante el escéptico infiel, privado de la gracia suficiente.

Sobre todo, Platón es una de las figuras del pasado griego que más ha movido al beatismo. Esto explica el hecho escandaloso de que, tras largas centurias de culto a Platón, resulte que el más cierto y sutil avance hecho últimamente en su estudio consista en haber tenido la sinceridad de retina y el valor intelectual de descubrir que no sabemos quién es Platón ni qué el platonismo. ¿Parece poco estimable la conquista? Perfectamente: es baladí; pero hemos necesitado unos veinte siglos para lograrla. A Platón, como a Grecia toda, no se le ha entendido nunca y, sin embargo, se le ha rendido culto siempre. ¿Cómo se explica este gigantesco *bluff*? Delante de Platón, es cierto, tenemos siempre la sospecha de hallarnos ante algo enorme, ante algo que es espiritualmente lo que topográficamente es el Himalaya. Pero la era fecunda de los estudios platónicos empezará sólo cuando se comience por reconocer que antes de hablar de Platón y de adorarle —como al Himalaya las tribus de sus vertientes— es preciso subir a Platón. Hoy es un enigma inmenso, una cordillera de problemas. Apenas si hay en él cosa que no sea equívoca.

Para entender, por fin, a Grecia, lo más urgente es alejarla de nosotros, subrayar su exotismo y declarar su enorme limitación. En este sentido me parece excelente el ánimo bravo con que Ernesto Howald, profesor de Filología en Zurich, entra por las ruinas de Hélade y define perentoriamente su realidad. Ahora describe, en escorzo sugestivo, la ética de los griegos.

La verdad es que en la ética topamos con una de las disciplinas menos lucidas de nuestro espléndido tesoro intelectual. Tal vez no existe ninguna ética genial. En cambio, ha sido fecunda la historia en genios de la moral, en inventores de nuevas tablas. Porque se inventa una virtud lo mismo que una forma literaria o un estilo de cerámica. La ética es la reflexión doctrinal sobre el fenómeno de la moralidad y no se comprende bien por qué no ha habido genios de la ética.

Hay una ética social y una ética íntima. La primera dicta normas y recetas para resolver los conflictos del hombre con la sociedad que le rodea —la ciudad y los dioses. La segunda se preocupa de resolver los conflictos interiores, de poner orden en la baraúnda de los instintos e impulsos.

La ética griega comienza, como la de todo ciclo histórico, por ser exclusivamente social. No propone «freno alguno de los instintos, fundado en razones íntimas, con el intento de evitar conflictos espirituales. El impulso sólo es juzgado inmoral cuando produce efectos antisociales». La razón de ello es que el individuo no ha despertado aún. Cada hombre se siente vitalmente —no como nosotros, idealmente— trozo del cuerpo público. No sabría vivir por sí y para sí. Si de pronto hubiera invadido una mente del siglo VIII antes de J. C. la intuición, para nosotros tan obvia, de que era ella una isla de realidad cerrada en sí misma, metafísicamente separada de todo lo demás, hubiera sentido un pavor análogo al del niño que de pronto, en una apretura, se encuentra separado de su familia, solo en el Universo. El griego de este tiempo hubiera, en efecto, sentido su propia individualidad como una soledad trágica y violenta, como una amputación en que lo amputado fuese quien siente el dolor y la muerte.

Para esta ética las normas morales están dadas de una vez para siempre fuera de la persona, en forma de leyes y costumbres sociales, de derecho sacral, etcétera, y su misión de doctrina se reduce a pilotear al hombre por los senos intrincados de tal arrecife. Es una ética no poco repugnante: a Dios hay que evitarlo, ganarlo y halagarlo. En la sociedad hay que triunfar astutamente, lograr honores y distinción.

Sin duda, el sol de Grecia, la alegría de vivir del hombre helénico, el firmamento sin arrugas de los paisajes clásicos... Bien; pero escuche el lector esta suavidad de Teognis, el hombre representativo del siglo VI en su segunda mitad: «Lo mejor de todo fuera no haber nacido y no ver los rayos del luminoso sol; pero ya que se ha nacido, lo mejor es pasar lo antes posible la puerta de Hades y yacer allí después de haber hecho descargar sobre sí un buen montón de tierra.» Lo mismo decían Hesiodo, Arquíloco, Mimnermo. Lo mismo hará Sófocles cantar al coro de *Edipo en Colona*. Lo mismo gemirá Platón cien veces... sin duda, el sol de Grecia, la alegría de vivir del hombre helénico, el firmamento sin arrugas del paisaje clásico...

Entretanto, alborea la conciencia individual. (En qué medida los griegos llegaron nunca a poseer plenamente la idea del individuo personal, es cuestión aparte.) La individualidad fue el resultado de una aventura colonial.

De las viejas ciudades continentales tuvieron que emigrar los más díscolos, los más audaces. Llegaron a las costas asiáticas y conquistaron tierras, donde labraron ciudades nuevas. Que nadie pretendiese contarles, como era sólito en las metrópolis, el origen divino de la ciudad y los derechos sagrados al mando adscritos a las familias descendientes del dios fundador. La ciudad nueva, hecha con sus manos o ganada con sus corajes, era obra individual suya, no recibida por tradición. La individualidad de la obra repercute en la mente de su autor, que se sospecha entonces individuo entre individuos, iguales en derechos y potencias. La política, en principio democrática, la independencia histórica, es el supuesto de la ciencia individual.

Pero al sentirse a sí mismo el hombre se encuentra solo frente al cosmos, sin tradición social y mitológica que lo enlace con él. Este hombre colonial de Mileto, de Halicarnaso, tiene que enfrentarse por sí mismo con el Universo, es decir, tiene que explicárselo por su propia cuenta, sin recurso al mito recibido, al hábito de fórmulas tradicionales. Ahora bien eso es la razón —pensar por cuenta propia, no a cargo de los antepasados, recostando la mente en el prestigio irracional de la tradición. Y, en efecto, en las colonias nace, junto y a la par que la libertad política y el individuo, la ciencia. Este es el punto glorioso que nos une para siempre a Grecia— que nos une en amor y en pelea.

Este es el cariz del siglo VI en la costa asiática e islas próximas. A él corresponde una nueva forma de ética que, sin desprenderse de lo social, inicia un reflujo de la preocupación hacia lo íntimo. Delfos es el centro de la nueva inspiración y en torno a Delfos se mueven, formando gracioso coro arcaico, los siete sabios. Allí se dicta, por vez primera, la aguda norma: «Conócete a tí mismo», y la otra: «De nada demasiado.» Esta última es un anticipo de la mayor idea griega, del principio —matemático— que va a ser el símbolo donde reposa todo pensamiento helénico: la medida. Es ya una norma interior al sujeto, privada, de balanza espiritual. Como típica idea de Grecia, no le falta el carácter de formalismo. Decir «de nada demasiado» no es decir «qué». Es evitar el decirlo, obrar en retirada. En efecto: el formalismo va desde esta fecha a retirar progresivamente a Grecia de la vida. Por etapas —Parménides, Sócrates, Platón, estoicos— retrocede, abandona el botín vital, abre la garra, huye de este mundo y, por la cabeza espiritual del enorme Plotino, acaba, en un éxtasis, evadiéndose al otro mundo.

Sí; ya lo he dicho. Tenemos que deshablar lo hablado. La historia de la Grecia clásica es una *anábasis,* narración de una ingente retirada, de una ominosa fuga y deserción lejos de la vida.

II

Decía que el descubrimiento jónico de la ciencia nos une para siempre a Grecia —nos une en amor y en pelea. Aquí tenemos un ejemplo rigoroso de nuestra relación esencialmente equívoca con el helenismo. Lo que con él nos es común, nos pone en riesgo de una perpetua mala inteligencia, esa mala inteligencia frecuente entre los amigos, y que no padecemos con los enemigos. El consejo de quien nos es muy próximo es el más peligroso, porque solemos atenderlo y con ello desviarnos de nuestro destino. Grecia ha actuado constantemente como consejero íntimo de Europa, y es muy posible que, en definitiva, haya perturbado nuestro itinerario.

No es fácil que una cultura sin ciencia altere nuestra evolución científica. Pero, ¿y una cultura que posee la ciencia en otro sentido que nosotros? ¿Es la ciencia helénica de la misma especie que la nuestra? Si decimos que Grecia la descubre, queremos sugerir, ante todo, un hecho negativo: que en el hombre de Jonia comienza a funcionar el pensamiento, según un régimen distinto del que habían usado Egipto, la India, China, Creta, los hititas, etruscos, etc., etc. Según este viejo uso, pensar consistía en reproducir fórmulas tradicionales, inmemoriales; responder al problema real con la figura de un mito. No hay duda de que esto es pensamiento: pensar mitológicamente es una entre las innumerables direcciones en que el aparato mental puede lanzarse. A esta nota negativa, la idea de ciencia añade otra positiva: la racionalidad. Y ésta es la que nos fuerza a comunión con

Grecia. Pero si se afina un poco, se advierte que racionalidad implica sólo el uso de la demostración, de la prueba. Como antes el pensamiento fabrica o reproduce mitos, ahora elabora pruebas, razones. El mito prendía en la mente por el prestigio emotivo de su antigüedad (inmemorialidad) y por la gracia de su dramatismo antropomórfico. La prueba, en cambio, gana la mente por su evidencia, es decir, que gana y regana a cada hombre normal en cada instante. No hay medio de rehuir su eficacia. Una demostración clara tiene el privilegio de rendir automáticamente todo espíritu. Hasta el punto de que una mente indócil a la prueba es llamada demente.

Pero es el caso que el pensamiento racional o apodíctico puede a su vez emplearse en direcciones muy diversas. El resultado que el físico moderno se propone con su máquina racional, es la ley científica. Imagínese a Platón delante de una ley científica. No habría manera de hacerle convenir que eso es ciencia. «Eso no es más que *doxa* —opinión», diría. En cambio, nos propondría como ejemplo de verdadero conocimiento su fórmula: lo real es la idea. Y el físico moderno diría entonces: «Eso no es ciencia, sino especulación, vaga opinión sinóptica sobre un vago universo.» Sólo una mínima y subalterna porción del pensamiento griego coincide con nuestro conocimiento científico. Por ejemplo: Arquímedes y los puros matemáticos. El resto, la gran vena intelectual de Hélade, fluye ante nosotros con un carácter paradójico.

Nos induce a desconocer esto el hecho de que entre esa enorme masa de pensamiento podemos recoger algunos trozos, muy reducidos y muy toscos, de algo que se parece un poco a nuestra investigación científica. Pero es inadmisible olvidar que Grecia no se reconocería en esos fragmentos seleccionados por nuestra preferencia. Para ella, ciencia es, ante todo, Parménides, el cíclope de la paradoja.

Para nosotros, conocer es buscar ideas que se ajusten a la realidad y la transcriban. Para Parménides, por el contrario, conocer es descubrir que la realidad única es la idea, lo pensado. No cabe contraposición más radical. Al revés que nosotros, el griego no investiga las cosas, sino las ideas. Su ciencia es un movimiento en sentido inverso que la nuestra.

La causa de esta diferencia está en que el heleno tiene una interpretación mágica de la idea, del *lógos,* según la cual basta que éstos existan para que sean reales y actúen[1]. Es un error considerar el realismo de las ideas como algo peculiar a Platón. En verdad, no hace, sino heredar a Parménides y preceder a Aristóteles. En éste, la realidad máxima es la sustancia; pero la sustancia no es, sino una idea que, como tal, tiene el poder mágico de plasmar la materia y de encarnarse. Cuando el Cristianismo sostiene en el Evangelio de San Juan que el verbo, el *Lógos,* se hace carne, resume toda la Grecia clásica.

Con Sócrates ingresa en el pensamiento helénico otro principio que, unido indisolublemente al anterior, va a desviar más la ciencia griega de la nuestra. Howald hace muy bien en subrayar el carácter catastrófico que adquiere en el desarrollo del pensar helénico la intervención de Sócrates.

No hay figura más grande en Grecia. Ya un antiguo le llamó «Hélade de Hélade», triple extracto de helenismo. Como para mí todo lo griego es sospechoso y equívoco —no por azar, sino constitutivamente—, no me extraña que este archigriego sea archiequívoco. No hay por dónde apresarlo. Estos años últimos se ha conseguido una mayor proximidad a su fugitiva fisonomía. Se ha conseguido a fuerza de negaciones. El gran libro de Enrique Maier, publicado en 1913 *(Sokrates, sein Werk und seine geschichtliche Stellung,* Tübingen, 1913*),*

---

[1] Sobre esta convicción radical de los griegos, que aclara soberanamente lo específico de la cultura griega, puede verse el admirable ensayo de Max Scheler, «La Idea del hombre y la historia», publicado por la *Revista de Occidente* en noviembre de 1926.

demuestra que Sócrates no fue ni siquiera filósofo. Fue todo lo contrario: un enemigo de la filosofía, de toda filosofía. Tanto, que detuvo el carro de la ciencia griega, y, *en cierto modo,* lo atascó para siempre.

El esfuerzo científico se nutre de dos impulsos diferentes, pero que han de coexistir y complementarse. Uno es la curiosidad de intelección; otro es el afán de salvación. La curiosidad es el aguijón que incita a investigar, a poner en duda lo recibido; impide la anquilosis de los pensamientos en dogmas, y dilata constantemente nuestra esfera mental. Pero bajo su sola inspiración, el hombre se movería intelectualmente de aquí para allá, frívolamente, desperdigada la atención en innumerables «curiosidades». Ahora bien: la específica dignidad de la ciencia exige que ésta sea algo más que un montón de cosas curiosas. De aquí que la curiosidad necesite someterse a una grave disciplina: el afán de resolver el gigante problema de la vida, de crear *un sistema del universo,* completo, solidario, en el cual nuestra mente descanse. Mientras yo no sepa lo que es el universo, mi vida no tiene sentido, porque es ella una mínima palabra y fragmento de una frase enorme, cósmica, que sólo en su integridad posee significación. Esa posibilidad de completarnos, averiguando lo que es el resto del mundo, es la «salvación». La ciencia hereda este afán de la mitología y de la religión; a él debe su arquitectura sistemática, su orden e interior jerarquía, su urgencia. Pero sin curiosidad la veríamos recaer muy pronto en el dogmatismo religioso y místico.

La admirable ecuación de ambos impulsos, que inspira la mente griega desde el siglo VII al V, viene a descomponerse al chocar con el tremendo escollo de Sócrates. Para este hombre no hay más que salvación. No es curioso. Al contrario: pertrechado con las armas mejor buidas por dos siglos de racionalismo, persigue acerbamente todas las curiosidades. No hay más saber que el decisivo: en qué consiste la felicidad del hombre. Todo otro saber es vanidad, petulancia, huida cobarde y torpe de lo esencial.

Y como nadie sabe qué es el hombre —el Hombre, no el soldado, ni el médico, ni el escultor, ni el carpintero—, es preciso reconocer que no sabemos nada y resumir toda la ciencia en saber que no sabemos. Y dedicará su vida entera a esta agria tarea de atacar en las plazuelas toda presunción transeúnte y hacer morder el polvo, tras un certero boxeo dialéctico, a todo el que pretende estar seguro de algo, servir para algo, interesarse en algo.

La escena, constantemente repetida, de un dramatismo desazonado, debió ser maravillosa. Sócrates, con su sonrisa nihilista, feroz, a lo Lenin, en medio del ágora, dejando *knock-out* a un estratega ilustre, a un político famoso, a un agudo sofista. En torno a la cruda luminaria de su dialéctica se agolpaban, como falenas temblorosas de delicia, los jóvenes de Atenas, alargando hacia aquel chato Pan de los bosques sus largos cuellos de discóbolos. Presenciaban el pugilato, y, sin advertirlo, jovialmente, recibían en su interior los golpes. Lo cierto es que todos quedaron para siempre envenenados. La acusación de Melitos —que Sócrates corrompía a la muchachada—, injusta y repugnante desde su punto de vista jurídico, resultó verídica desde un punto de vista histórico. La zancadilla lógica de Sócrates hizo perder para siempre a Grecia la sensación de seguridad vital. ¿Quién iba a intentar ya, con la ingenuidad de que se nutre por fuerza la audacia, partir al descubrimiento de las verdades cósmicas —como Heráclito, como Parménides, como Demócrito—, si sentía su propia persona convertida en un insondable problema? Sócrates pone al hombre griego de espaldas al universo y frente a frente consigo mismo. En una sola generación, el espíritu griego gira ciento ochenta grados. No se conoce otro caso en la historia. El afán de salvación, exacerbado, va a paralizar la prodigiosa curiosidad de los griegos. En adelante, cuando se pronuncie en Grecia la palabra «ciencia», se entenderá primariamente «ética» —con la sola excepción de Aristóteles, de un meteco, alma apenas helenizada. Por fortuna, el hombre griego es tan desmesuradamente intelectualista, que dentro de esa ética hallaremos siempre alerta la pupila escrutadora.

Antes de Sócrates, el hombre tenía movilizadas hacia la periferia de la vida sus fuerzas íntimas —apetitos, entusiasmos, ambiciones, curiosidades. Vivía saludable e ingenuamente de las cosas —placeres, dioses, atractivos sociales, patria, etc. Sócrates hace que todas esas fuerzas abandonen sus presas, que el hombre se desinterese de la vida espontánea y se recoja sobre sí mismo, formando el cuadro. Todo lo que de fuera nos venga —fortuna, fama, placer, rango— es azaroso y problemático. Cuando, en el mejor caso, somos favorecidos, quedamos esclavizados. El hombre no debe vivir de nada ajeno a él, de nada que no esté en su mano. Pero en su mano está sólo él mismo. Bien —dirá Sócrates—: eso es la felicidad: vivir sólo de sí mismo, libertarse —es decir, desinteresarse de todo lo demás. Este es el evangelio de la libertad íntima como sumo bien, el único auténtico, firme, seguro. Perdida la confianza en la vida espontánea que se apoya en lo externo, es preciso reconstruir artificialmente una vida más sólida, invulnerable, hecha de *no-vida,* de desinterés por todo, de renuncia, de negación —que es liberación. De aquí el doble imperativo que condensa toda la ética griega: primero, ser libre de lo demás, o, lo que es lo mismo, no ser esclavo de nada, no necesitar de nada, bastarse a sí mismo: *suficiencia;* segundo, ser, en cambio, dueño de sí mismo, poseerse a sí mismo, dominio de la persona por la persona: *encracia.*

La libertad íntima es el otro gigantesco invento de Grecia, que Europa lleva en su interior, como el cascabel su perdigón. Pero una vez definido ese invento, convendría iniciar su análisis. ¡Cuánto habría que decir! Por lo pronto, note el lector que esa seguridad del vivir la encuentra el hombre socrático, mediante una previa negación de la vida. ¿No es esto cortar el nudo de Gordio? Una vez más topamos con el paradojismo helénico. ¿Cómo vivir bien? —preguntamos—. Y Sócrates responde: No viviendo, haciendo de nuestra vida una defensa contra la vida. El estoico hallará la expresión más clara, y nos alargará benéfico, como medicina vital, la *apatía* —el desasimiento de la vida.

¡Qué atractivo resultaría carear esta ética socrática con las morales vitalistas, por ejemplo, con la del feudal europeo, con la del *samuray* japonés, para citar sólo disciplinas no menos rigoristas que la socrática! Pero se acabó el espacio, del que he abusado no poco. Este año quisiera hacer un curso universitario sobre *Metafísica de las costumbres*. ¡Allí nos volveremos a ver, Sócrates divino, maestro azorante de inquietudes, que nos invitas perpetuamente a bordear abismos! ¡A tu lado se siente uno bueno, porque cae en la cuenta de que no sabe uno nada y habla de lo divino y de lo humano, con irrisoria petulancia, en los folletones de los rotativos! Pero tú lo ves claro: más que petulancia es la alegría de ejercitar la operación intelectual, la alegría del músculo sano cuando camina elástico por el caminito largo, entre frondas. Tú adviertes que todas mis negras líneas de prosa llevan una filigrana parecida a aquellas palabras usadas por Lotze al fin de su *Metafísica:* «Dios sabe de esto mucho más»[1].

---

[1] [El artículo siguiente en el libro original, dedicado a la novela de Gabriel Miró *El obispo leproso*, no se reproduce por haberse incluido en el volumen *Ensayos sobre la «generación del 98» y otros escritores españoles contemporáneos*, ya publicado en esta Colección.]

LA QUERELLA ENTRE EL HOMBRE Y EL MONO

En una reciente conferencia dada ante el Congreso de Antropología (Salzburg, septiembre de este año) y en un artículo que publica el *Archivo de Ginecología*[1], aduce el profesor Westenhofer nuevas pruebas para la tesis según la cual no es el hombre quien procede del mono, sino el mono quien se deriva del hombre. Ya en 1924 había tratado con este fin del mentón humano y, en 1923, de ciertas particularidades internas, como los lóbulos del riñón y las muescas del bazo, que revelan la extrema antigüedad de nuestra especie.

Las investigaciones de Westenhofer son del mayor interés y gran rigor; pero el hecho de que causen sorpresa, y la tesis por él defendida suene a novedad o paradoja, pone de manifiesto un grave mal anejo a la forma actual de la cultura.

Este defecto de nuestra organización cultural podría definirse así: la cultura del presente está regida por la

---

[1] *Archiv für Frauenkunde und Konstitutionsforschung,* 1926. Band., XII, Heft., 4.

ciencia, pero la ciencia sólo es lo que pretende ser y lo que la hace apta para regir la cultura, si se la considera como el sistema integral del saber. La *ciencia,* pues, *no es especialista.* Mas, por otra parte, la inmensidad de su extensión obliga a que el *trabajo científico se produzca en una dispersión de especialidades.* De suerte que el especialismo es, a la vez, una necesidad y una contradicción de la ciencia. Entre la muchedumbre de daños que esto trae consigo, sólo uno apunto ahora.

De cada especialidad emerge un buen día cierta doctrina, que tiene directamente interés general. Esta doctrina desciende, como un dogma, sobre el resto de los hombres cultos, inclusive sobre los que cultivan otras especialidades. No pudiendo estos discutirla, se limitan a aceptarla sumisamente, como un bloque rígido, de aristas rigorosas, de solidez inquebrantable. Es decir, que al transmigrar la doctrina de las mentes que la crearon a las demás, pierde precisamente los caracteres propios de la idea científica. Porque, dentro de la ciencia, toda teoría, aun la más firme, se presenta siempre con un índice de problematismo, de mera aproximación a la verdad ejemplar y única. Jamás excluye otras posibilidades en parte antagónicas. Esta endeblez de toda teoría científica es una de sus virtudes, tal vez la que más la diferencia de un dogma. Merced a ella, es elástica, y deja margen a la multiplicidad de puntos de vista y de innovaciones.

Un buen ejemplo de esto es lo acontecido con la descendencia simiesca del hombre. Nunca fue para el zoólogo otra cosa que una doctrina probable; nunca dejó de ser, en buena porción, problemática; siempre convivió con otras soluciones muy diferentes. Y, sin embargo, el dogma del origen pitecoide del hombre se instaló tiránicamente en muchas cabezas de psicólogos, filósofos, moralistas, historiadores, etc. ¡Cuántas ideas fecundas que en algunos de éstos pudieron nacer quedaron *a limine* agostadas, por no ser compatibles con aquella doctrina! Si hubiesen conocido la antropología, como la conocen los especialistas, se hubieran libertado del dogma que frenó ideas tal vez fecundas. El daño, en un caso como el que ahora apuntamos, es de grueso calibre; porque anda en juego nada menos que la idea que el hombre tenga del hombre, y en ella ha de influir forzosamente la idea que tenga de sus destinos zoológicos.

Y acaece que, dentro de la antropología, no ha imperado nunca tiránicamente la tesis del hombre-mono. La opinión opuesta, que ahora con nuevos argumentos propugna Westenhofer, tiene una historia muy larga, tanto casi como la de su antagonista. Para la noción del puesto que al hombre compete en la naturaleza es de suma importancia el acogimiento a una u otra doctrina.

La idea de que el hombre es oriundo del mono nos lleva a concebir la especie humana como una de las más recientes y avanzadas en el proceso de adaptación biológica. A la luz de la idea contrapuesta —el mono oriundo del hombre— aparece nuestra especie como una de las más antiguas entre los mamíferos, tal vez la más antigua que hoy existe. Su organización revelaría una sorprendente supervivencia de formas arcaicas y una energía conservadora incalculable. Sería el hombre un caso extremo de resistencia a la variación, una especie retardataria e inadaptada, extrañamente detenida y fija: en cierto modo, un estancamiento biológico y un callejón sin salida de la evolución orgánica.

En rigor, desde los tiempos de Häckel nadie sostiene que el hombre proceda del mono, sino que uno y otro nacieron de una especie anterior. Lo que se discute es si esa especie paternal se parece más al mono o al hombre. Basta comparar el índice intermembral del hombre, aun el más primitivo, con el de los simios actuales, para comprender que representan formas divergentes de la evolución. El *Homo primigenius* da un índice de 68; el chimpancé, 110; el gorila, 117[1].

---

1 Sobre la tesis pitecoide puede verse, como resumen magistral de la cuestión, el trabajo de G. Schwalbe: *Die Abstammung des Menschen und die ältesten menschenformen,* año 1923.

Si, como he dicho, es característico de la estricta teoría científica su posible convivencia con otras teorías que contradicen aquélla, en cambio, hay siempre en la ciencia —como en la política— un partido, una teoría que ocupa el poder. Esta, que podemos llamar teoría canónica, impera siempre sobre las mentes menos inquietas y creadoras. Es la opinión más «seria», es decir, la menos genial e inteligente. Así, en la descendencia del hombre ejerce hoy la magistratura de teoría canónica la que considera al hombre como pariente próximo del chimpancé. Con gran formalidad se han reducido a estadísticas las semejanzas entre nuestra especie y las diferentes clases de simios. Según Shwalbe, coincidimos en 188 puntos con el gibón; en 272, con el orangután; en 385, con el gorila; en 396, con el chimpancé. Queda adjudicado el honroso título de primo del hombre a esta última bestia.

Pero conste que si las recientes observaciones de Westenhofer son, en su detalle, una novedad, no lo es, ni mucho menos, la presunción general que vienen a corroborar. Desde 1899, el gran antropólogo Klaatsch había invertido la tesis canónica, y ponía su genio y su brío al servicio de la otra idea: la gran antigüedad filogenética de la especie humana[1]. Schoetensack, Ranke, Kollmann, le siguieron por idéntica o paralela vía; de suerte que la anterioridad del hombre respecto del mono es hoy una doctrina tan clásica como la otra.

La colocación de una especie en la serie genealógica depende, como toda cuestión cronológica, de que hallemos un término *post quem* y un término *ante quem*. La dentadura humana nos lleva a situar nuestra especie en tiempo posterior a la aparición de los peces. La dentina,

---

[1] Las obras en que Klaatsch expone en conjunto su teoría son: *Entstehung und Entwickelung des Menschengeschlechts* («Weltall und Menschheit», editado por Hans Kraemer, 1902). *Die Stellung des Menschen im Naturganzen. Die Abstammungslebre* (Jena, 1911). Sobre todo, *Der Werdegang der Menschheit und die Entstehung der Kultur*, 1922, obra póstuma.

que, bajo el esmalte, constituye su materia, procede de las escamas de los peces. En rigor, todo el esqueleto está compuesto de materias —fosfatos, carbonatos, flúor, magnesia— que existen en disolución en el agua marina. Lo que en el pez era coraza exterior, se ha internado, y es hueso y boca. No deja de ser curioso advertir que el gusto sólo conoce diferencias que el cuerpo pisciforme percibe con su periferia —lo dulce, lo ácido, lo amargo, lo salado. Por otra parte, oído, garganta y maxilares son transformación de las branquias del pez.

Pero la dentadura, que hace del hombre una especie más joven que el pez, le hace a la par más viejo que los demás mamíferos. Las armas dentales del roedor, del carnívoro, del rumiante, están especializadas para un exclusivo régimen de alimentación. La dentadura humana presenta en germen todas las diferenciaciones futuras, ninguna desarrollada, en confusa unidad. El síntoma es de importancia suma: acusa una extrema inadaptación en función tan decisiva como la alimenticia. Con razón llama Scheler al hombre un *dilettante* de la vida. Por lo pronto, lo es en el grave capítulo de la nutrición.

Lo propio acontece si atendemos a las extremidades. La disposición en el hombre de brazos y piernas con respecto al torso recuerda ante todo a la rana, inclusive en la ordenación de los músculos. La rana y el lagarto son parientes no muy lejanos del hombre. Es lo más probable que los peces primitivos poseyeran una disposición de aletas más próximas a la de los saurios que los peces actuales. Las especies vivientes más antiguas, como el barramunda de los ríos australianos, tienen otro par de aletas traseras que con las delanteras anuncian la colocación de las cuatro extremidades en los *sauro-mammalia* del período primario[1].

---

[1] Klaatsch presume que los peces actuales son anfibios reaclimatados y readaptados a un régimen líquido exclusivo. La razón que para ello habría está en el hecho de que las especies actuales más sencillas, como los «ganoides» y «dipnoos» —a estos últimos pertenece el barramun-

En este período primario, con el reptil, aparece la mano, y desde luego aparece con sus cinco dedos. Uno de los fenómenos más misteriosos de la Historia Natural es esta ley de la pentadactilia que impera en la evolución orgánica. Todo el que haya visto, aunque solo sea en reproducción fotográfica, la huella del *cheirotherion* —que pertenece a la época primitiva— habrá experimentado cierto pavor advirtiendo su enorme semejanza con la huella de la mano humana. El pulgar, con su gruesa pulpa, la proporción de los dedos, etc., todo coincide inquietadoramente. Lejos, pues, de ser la mano una adquisición de última hora, la verdad es que se trata de uno de los órganos más antiguos, usufructuado ya por el más primitivo vertebrado terrestre. En éste como en otros atributos, se declara —dice Klaatsch— que lo sorprendente del hombre no es su progresiva adaptación, sino, al revés, su conservatismo, la tenacidad con que ha retenido y salvado elementos sumamente antiguos que las demás especies han perdido. La mano es uno de los grandes atributos del hombre. En combinación con el cerebro, ha hecho de él la bestia industriosa que fabrica instrumentos, el *homo faber*, o, como Franklin solía llamarle, animal *instrumentificum*. Según esto, lo maravilloso no sería tanto la existencia de la mano, sino la conservación de semejante antigualla zoológica.

Con esto hemos llegado a situar al hombre fabulosamente atrás en la serie de los tiempos. Lo encontramos junto a los primeros vertebrados terrestres. Eran estos cuadrumanos[1]. La cuadrupedia es una evolución y especialización posterior; la mano es primero. De ella, por ajuste exclusivo a condiciones especiales, nacen, por apelmazamiento de los dedos, el casco, la pezuña y la

---

da—, poseen aparatos respiratorios de tipo anfibial. Por otra parte, el *perioftalmus* sale a la ribera y se sube a los árboles usando de sus aletas como una morsa.

[1] Luego se verá la corrección de Westenhofer a este punto esencial en la teoría de Klaatsch y Ranke.

garra. La mano es todo eso y nada de ello. Es un aparato poco adaptado, es un retraso biológico. Se repite el mismo caso de la dentadura.

El embrión humano de dos meses es cuadrumano. Poned al recién nacido, que no sabe tenerse, un bastón entre pies y manos: se agarrará con tal fuerza, que podéis, levantando el bastón, verle sosteniéndose en vilo. El embrión humano es un animal trepador y reptil.

Tendríamos, pues, que hombres y monos formarían un grupo de animales más próximos que ningún otro al primer vertebrado terrestre y ocuparían el puesto de primeros mamíferos. Si ahora preguntamos en qué relación sitúa esta teoría al hombre y al mono, se nos responde lo siguiente: el mono es un animal que somáticamente ha progresado más que el hombre; por tanto, procede de él, y no al revés, como suele creerse.

Por lo pronto, el hombre conserva más de la cola del saurio que los simios antropoides. El varón humano posee cinco residuos vertebrales del apéndice caudal; la hembra, cuatro; en cambio, el orangután se ha quedado sólo con tres.

Otro avance del mono consiste en la colocación de los ojos. En las especies anteriores se hallan colocados a uno y otro lado de la cabeza. Esto impide que las visiones se reúnan. El caballo ve dos paisajes paralelos y planos que no tienen unidad. La imposibilidad de superponer las dos imágenes de un objeto no les deja percibir el volumen ni la profundidad. Las cosas son como espectros incorpóreos, fantasmas. No falta quien atribuye a esto el carácter espantadizo de la raza equina. Para unir las imágenes era menester que los ojos se aproximasen, colocándose en un mismo plano. Ahora bien: en este proceso, el antropoide ha ido bastante más lejos que el hombre, tanto, que sus cuencas oculares restan espacio al cerebro y además han usurpado el sitio al órgano olfativo. El gran piteco no tiene apenas olfación y empieza a perder el pulgar. Una vez más los monos, de puro progresivos, se han pasado.

He aquí, en tosco resumen, una filiación de la especie humana que presenta a ésta, no como un triunfo de la lucha por la existencia, sino, al revés, como una casta que ha sobrevivido a su inadaptación y a su retraso biológico; una raza arcaica, tenaz y somáticamente conservadora.

Del *pithecanthropus,* como de un tronco y nivel común, partirían dos líneas divergentes entre sí. Una, la humana, que insiste en los caracteres antiguos; otra, la simiesca, que avanza más, y cuanto más avanza más se deshumaniza. Debió haber un momento de dramática separación entre las dos especies. El antropoide es derrotado y huye a la selva virgen, lugar característico de especies en retirada; así, entre los hombres, los pigmeos.

Hay un punto en que Westenhofer corrige y completa a Klaatsch, Ranke, etc. Se trata del pie. La doctrina general, que aún estos mismos aceptaban, supone la anterioridad del pie prensil, del cual se habrían formado la zarpa, la pezuña y el pie humano. Westenhofer hace notar que lo específico del pie es el talón, el empeine y el tendón de resorte. En los reptiles y anfibios asistimos a la preformación de todo esto según van haciéndose más terrestres que acuáticos. En los conocidos no llega a desarrollo porque los huesos pedales están ya anquilosados. Pero hubo un reptil de huesos pedales aún blandos, que comenzó a erguirse merced al tendón de resorte; este reptil inicia el pie humano, que puede luego diferenciarse en pezuña para correr —como en tantos mamíferos—, o en pie prensil, como en el mono. El pie humano es causa y efecto, a la vez, de la erección. Merced a ella, la mano, grave antigualla biológica, queda libre y perfecciona su torpeza de instrumento universal, poco diferenciado. El pie —no primariamente la mano— ha sido, pues, quien ha permitido al vertebrado terrestre más antiguo hacerse un animal de cerebro. El otro retraso orgánico, la dentadura inadaptada, vino a facilitar esto último, porque impidió la formación del morro, el desarrollo de los músculos maxilares, que restaban sangre al progreso cerebral. El morro y el cerebro están fisiognómicamente en razón inversa[1].

Tal es la concepción de la descendencia humana según la teoría no canónica. ¿Cuál es la verdad? Desde el punto de vista de la verdadera cultura, no es lo más importante decidir. Cultura es, frente a dogma, discusión permanente. Por esta razón conviene presentar frente a la idea canónica la revolucionaria. Conviene, conviene la herejía —como en la Iglesia— en la ciencia.

---

[1] Esta corrección permitiría, creo yo, aclarar un poco las relaciones del hombre, mamífero del eoceno, según Klaatsch, con las especies consideradas como más antiguas entre los mamíferos placentarios. Estos son los *insectívoros* —oso hormiguero y colmenero, etc.—, que son plantígrados.

PARA UN LIBRO NO ESCRITO

I

¿Se puede escribir un artículo al aire libre? Lo mejor sería no intentarlo, porque es una empresa difícil. Como el *plein air* deshace la figura en el cuadro impresionista, disociándola en puros reflejos, en manchitas independientes, átomos de cromatismo, el paisaje libre dispersa la persona, aventa la grey de las ideas, descompone el intelecto en sus simples elementales. El campo no permite el recogimiento, la concentración de fuerzas que constituye la individualidad; por lo menos, esa última potencia de individualidad que es el pensamiento. El sol hace con uno lo mismo que con la gota de rocío, la cual pretende, péndula en la punta de la hoja, captar el paisaje entero dentro de sí, espejándolo en su microcosmos esférico. Pero el mismo rayo del sol que la enciende, y la convierte en diamante, y la vuelve un instante pupila irisada, la asesina sorbiéndola, disgregándola en la atmósfera. Siempre me ha conmovido el pequeño drama cósmico que es la muerte de la nube blanca, que el sol mata volviéndola azul, borrándola, aniquilando su pretensión de destacarse a fuerza de blancura sobre el fondo del firmamento. El pensamiento viene a ser un intento parejo de situarse frente a todo lo demás, fuera y contra todo lo demás; de hacerse a sí mismo isla, de ser aparte del ser universal, que empuja contra nosotros sus formidables espumas metafísicas.

Es curioso que esta impresión elemental de sentirse fuera de lo demás, y que llamamos conciencia individual, ha sido valorada con signo opuesto por el europeo y el asiático. Para el europeo, es la suma delicia sentirse vivir aparte, advertir que él no es las demás cosas. Le complace palpar sus propios límites, recorrer sus fronteras y confirmar que no se confunde en ningún punto con los otros seres. Cuanto más propio se sea, cuanto más diferente, extraño y privado, más intensamente cree vivir. En cambio, el asiático sufre de ser individuo, se angustia de ese aislamiento, se siente al ser solo lo que él es como desterrado de las demás cosas, y preferiría serlas todas, no por afán de ser más, sino, al contrario, para no ser nada determinado y con límite, para alentar en la unanimidad universal. Percibe su concreta figura como una amputación. Es trozo y fragmento al ser individuo; es muñón del cosmos. Diríase que le duele su propio perfil. De aquí que, para el asiático, la vida más intensa sea la que le lleve al aniquilamiento, que rompa sus fronteras de individuo y le anegue de ser universal. Para nosotros será siempre monstruoso el hecho de que razas enteras consideren el dejar de ser, el Nirvana, como ideal de la vida. Y, sin embargo, Oriente y Occidente han solido encontrarse en las cimas de las mentes místicas. Así, el maestro Eckhardt insiste en que todo ser lleva en sí su propio fracaso. Cada ser fracasa en la medida en que no es los demás seres. Consiste, pues, en una negación infinita; su ser está tejido de no ser esto, de no ser lo otro, etc.

En términos más moderados, estas dos delicias antagónicas, de ser individuo y dejar de serlo, se disputan el alma del hombre urbano cuando de la ciudad va al campo. No hay duda de que el hombre rural es menos individuo que el hombre ciudadano. Este diferente grado de individuación inspira la radical diversidad que existe entre la cultura de la ciudad y la cultura campesina. Porque no se trata sólo de dos estadios en la evolución de una cultura, sino de dos principios de vida sobremanera divergentes.

II

Escribo sumido en un paisaje andaluz. Blanda serrezuela al fondo. Los olivos, en rangos disciplinados, hacen pesar su fronda plomiza sobre una tierra roja y grasa. Los cortijos multiplican su blancura en placentera dispersión, y las pitas amenazan vanamente al contorno con sus espadas fláccidas.

Siempre que bajo de la áspera Castilla a esta gleba feliz, donde las gentes llevan prendida una sonrisa perdurable entre los dientes, me ocurre preguntarme si se ha escrito alguna vez algo que tenga sentido sobre el alma andaluza, que es una de las más extrañas de Europa. Y es, en verdad, sorprendente que, habiéndose ennegrecido tanto papel sobre Andalucía, no se haya dicho nunca una palabra aguda, un vocablo en forma de llave que nos abra el misterioso aparato de relojería espiritual alojado en esta raza.

Como siempre, ha faltado también en este caso lo que es, según Platón, la emoción preludial en toda obra de intelecto: la sorpresa de que una cosa sea como es, el espanto ante lo evidente. Quien no sea capaz de pasmarse ante el simple hecho de que la vida andaluza exista, quien entre dentro de ella desde luego, como la cosa más natural del mundo, queda imposibilitado de comprender lo que en ella —como en todo— es lo más interesante: sus raíces, sus supuestos primarios, todo eso que no está especialmente en ningún sitio ni en ningún caso, por lo mismo que está en todos los sitios y en todos los casos. Menos que nadie percibe esos supuestos tácitos, secretamente actuosos, el andaluz mismo. Cada vida, individual o colectiva, parte de ciertos principios, que son su *a priori* psicológico. Por lo mismo que éstos llevan en peso entera aquella vida y son su subsuelo, no se da cuenta de ellos el que los vive. Sólo nos damos cuenta de lo secundario y superficial, de lo cambiante y anecdótico.

He aquí por qué en estos días vagos de viaje y de reposo literario, no pudiendo escribir sobre ningún libro a la mano, bajo la presión deleitable del sol tartesio, envío a mis lectores esta nota sobre un libro no escrito aún, esta nota en que se postula un libro discreto, curioso, penetrante, sobre Andalucía.

Yo creo que hay una cultura andaluza en sentido más hondo y radical que toda esa parada de escuelas andaluzas de pintura, poesía, etc. Es ya no haberse enterado de lo que en la cultura andaluza hay de más específico hacerla consistir en arte pictórico o literario. Arte, literatura, ciencia, religión, Estado, todo eso, que constituye, en efecto, las culturas del centro y del norte de Europa, de Roma o de Grecia, trae en el fondo muy sin cuidado al andaluz eterno, cuya cultura consiste precisamente en todo lo demás de la vida que no es eso.

¿En qué, pues?, se me dirá. Muy sencillo: en lo cotidiano. Ha habido y hay razas que anteponen lo extraordinario a la existencia cotidiana. Se afanan en producir aquello, en hacer sobrevenir lo heroico, lo genial, lo trágico, y no paran mientes en la porción de vida —cuantitativamente la más importante— que fluye por las horas y los minutos. Preparan la fecha eminente y desatienden la curva suave e ingloriosa de todos los días, de todas las semanas, de todos los siglos.

En este sentido, la comprensión de la cultura andaluza nos es facilitada por lo que sabemos de los pueblos orientales, de quienes se halla, en efecto, mucho más cerca el andaluz que de los *sensu stricto* europeos.

Todas las culturas son soluciones o intentos de solución al problema de la vida. Y son diferentes entre sí, porque el problema de la vida, radical punto de partida, es sentido por cada raza de un modo distinto. Esta es la razón de que una cultura extraña *no sirva* a un pueblo; la solución que ella aporta es incongruente con la fórmula del problema vital que en su fondo orgánico lleva.

La mejor introducción al andalucismo, a la cultura tartesia, es, en mi entender, pensar lo siguiente: supóngase que el problema de la vida consista, no en crear esto o lo otro, no en realizar tales o cuales valores trascendentes —la verdad, la justicia, el dominio sobre la naturaleza, la organización de la humanidad, etc., etc.—, sino simplemente en pasarla lo menos ingratamente que se pueda. Pues bien: desde este supuesto, la vida sevillana es un sistema perfecto, cerrado y completo. Probablemente, hace mil años era en lo esencial[1] idéntica a lo que es hoy, y no hay razón para que no lo sea dentro de otros mil. Ciertamente que un europeo normal no acepta ese supuesto; para él la vida no es un torrente que pasa sobre el hombre y del cual conviene defenderse con astucia, gracia y cautela, sino una fuerza que radica y brota en cada individuo y le incita a empresas. El europeo busca la tragedia, se obstina en intervenir en la marcha del universo con la pretensión de gobernarla. Como esto es, probablemente, imposible, la historia de Europa va de tragedia en tragedia, sometida a perpetuo cambio y constante inquietud. El andaluz es, por el contrario, el hombre resuelto a evitar la tragedia, a sortearla, a darle un quiebro. Esto, claro es, le lleva a no hacer historia. (Uno de los temas del libro sobre Andalucía que postulo debería determinar la medida en que esta raza ha intervenido o no ha intervenido activamente en la historia.)

Lo que la vida andaluza tiene de oriental no es su aparente y superficial orientalismo, sino la común raíz

---

[1] Recuérdense los datos sobre la vida de los tartesios que la antigüedad nos ha transmitido. Es, en verdad, pasmosa la semejanza que acusa con la vida andaluza actual.

campesina. La cultura tartesia es una cultura eterna y esencialmente rural. Los ritos de la campiña son el sustituto de las ideas de Estado, de los principios religiosos, de las «razones» científicas...

III

El sol evapora el pensamiento. El intento de escribir un artículo al aire libre fracasa. Renunciemos, pues. Otro día, entre cuatro paredes, defendido de la disociación que el campo impone, procuraré decir lo que hace muchos años pienso sobre el alma andaluza[1]. Es tema delicado que, sin motivo justo, puede irritar a mis casi paisanos.

---

1 [Véase del autor «Teoría de Andalucía», en *Obras completas*, vol. VI.]

UN DIALOGO

El señor Henri Massis, autor de estas *Reflexiones sobre la novela,* ejerce la crítica literaria católica[1]. Porque vivimos un tiempo tan extraño, que existe en él una crítica literaria católica. Una voz: «¿Y no le parece a usted que ese síntoma honra a una época?» Contestación: «No, señor.» La voz: «¡Es usted un sectario!» Contestación: «¡Y usted un majadero!» Escena vil de boxeo. Párpados amoratados; en las frentes, inusitadas protuberancias. Intervención de la Policía. Recalada en la Delegación.

—Amigo mío, ahora que hemos pagado ya nuestro humilde tributo a la época, que hemos canjeado unos cuantos golpes, que hemos complacido a las fuerzas prepuestas al orden público dándoles una ocasión más de

[1] Henri Massis: *Réflexions sur l'art du roman.* Librairie Plon, 1927. En otro capítulo comentaré lo poco que el señor Massis dice sobre la novela, juntamente con la interesante conferencia del novelista François Mauriac, «Le roman d'aujourd'hui», publicada en la *Revue Hebdomadaire,* 19 de febrero, 1927.

3

intervenir y nos encontramos en la cárcel, podemos libertar nuestras almas y permitirles una conversación decorosa, temperada y leal sobre el asunto que muscularmente hemos debatido antes. Al higiénico atletismo de los cuerpos suceda el de las mentes. Lo que me parece mal de la crítica literaria católica no es lo que tiene de católica ni lo que tiene de crítica literaria.

—Entonces ¿dónde está el defecto?

—En lo que tiene de crítica literaria católica.

—No entiendo. ¿Qué inconveniente encuentra usted en ella?

—Un inconveniente parecido al que encuentro en el cuadrado redondo, en la justicia verde y en la hipotenusa sulfhídrica.

—Pero esas cosas no existen; son absurdas.

—Pues ese es el mal que encuentro a la crítica literaria católica: que no existe.

—Sin embargo, la crítica literaria católica existe; por ejemplo: la del señor Henri Massis.

—He ahí, amigo mío, por qué me parece un síntoma fatal. Vivimos un tiempo en que existe una crítica literaria católica; es decir: asistimos a una época en que existen algunas cosas que no existen.

—¿En qué se funda usted para negarle la existencia?

—¡Ah! Muy sencillo: en lo mismo que el propio señor Massis nos dice. Dice este señor que los demás críticos literarios católicos no son tales porque se contentan con hacer, por lo pronto, crítica literaria, sin más calificación, y a esa crítica literaria no católica agregan un suplemento de juicio moral católico. Esta mera yuxtaposición de una estética laica y una moral católica no puede llamarse, con verdad, crítica literaria católica. Esta discreta observación del señor Massis demuestra que, fuera de él, no hay tal casta de crítica. Mas cuando le preguntamos si hay, no obstante, críticos literarios católicos, nos responde como *Martín* cuando, en el cuento de Voltaire, le preguntan si hay aún anabaptistas: *Oui, il y a moi.* Ahora bien: si el señor Massis no logra convencernos, si sus razones nos parecen inoperantes, tendremos algún derecho para sostener que la crisis literaria católica no existe.

—Pero es el caso que la razón dada por Massis es muy aguda y de gran vigor. El catolicismo no es una cosa que pueda añadirse a otras: él nos introduce en la realidad, en la verdad misma, y nos proporciona, por tanto, un punto de vista desde el cual se determinan las condiciones de toda realidad, de toda verdad; entre ellas, de la verdad artística. De aquí que la inspiración y la crítica del arte tengan que ser católicas, no por consideraciones suplementarias, sino por esencia. En vez de adjuntar homilías a la crítica de un autor, es preferible invitar a éste a que reflexione sobre la esencia misma de su arte y del ser: la meditación estética pura lleva al catolicismo.

—Sí, sí; ya he leído todo esto en el librito del señor Massis, y me ha maravillado. En general, los libros que producen ahora los católicos militantes de Francia —me refiero a los de tema filosófico o próximo a la filosofía— nos dan con frecuencia motivo para maravillarnos. Sus frases pueden repartirse en dos especies: una, en que se insulta a todo lo que no es el catolicismo tradicional, y otra, en que se afirma vehementemente la superioridad del catolicismo tradicional. Afirmaciones y negaciones. Golpes. Boxeo. Nunca se plantea serenamente un problema y se intenta su solución. Nunca se repiensa con noble y efectivo esfuerzo la magnífica tesis católica, a fin de aproximarla a nuestra mente actual, o bien, con ánimo de mostrar concretamente su fertilidad en tal o cual cuestión. Semejante catolicismo es un comodín que justifica la ignavia. Contrasta superlativamente con la egregia labor que durante estos mismos años están haciendo los católicos alemanes. Hombres como Scheler, Guardini, Przywara se han tomado el trabajo de recrear una sensibilidad católica partiendo del alma actual. No se trata de renovar el catolicismo en su cuerpo dogmático («modernismo»), sino de renovar el camino entre la mente y los dogmas. De este modo han conseguido, sin pérdida alguna del tesoro tradicional, alumbrar en nuestro propio fondo una predisposición, católica, cuya latente vena desconocíamos. Una obra así es propia de auténticos pensadores. Los escritores franceses del catolicismo parecen más bien gente política. Atacan y defienden; no meditan. Insultan y enconan; no investigan. Usan del catolicismo como de una maza. Se ve demasiado pronto que su afán no es el triunfo de la verdad, sino apetito de mando. La actitud que han tomado la han aprendido de los sindicalistas, comunistas, etc. Porque hubo un tiempo en que, como ahora a ciertos católicos les basta con declararse católicos para asumir todas las sabidurías, los socialistas extremos creían poseer en cifras todas las verdades y desdeñaban la ciencia burguesa. También entonces había una crítica literaria socialista donde volcaban toda su miseria mental y todo su rencor las almas menos bellas del tiempo.

—Pero con todo eso no responde usted al razonamiento del señor Masis.

—¡Ah! Pero, ¿es razonamiento? Me había parecido, más bien, un juego de palabras. Cuando dice que el catolicismo nos introduce en el centro de lo real se ampara en un equívoco. Esa realidad, ese centro y esa introducción entiéndanse religiosamente, y entonces su afirmación es congruente. Pero entonces no se añada que el católico, como tal, *sabe* lo que es la realidad y posee un ejemplar doctrinal de estética. De la religión no se deriva una filosofía ni, en general, una ciencia, menos aún una estética y todavía menos una crítica literaria. No basta ser católico para hallarse en posesión de tan espléndido patrimonio. Ni hay idea que los verdaderos católicos debieran perseguir con mayor denuedo que ésta. Precisamente, la suma originalidad del catolicismo frente a todas las demás religiones es que separa de manera radical la fe de la ciencia y a la vez postula la una para la otra sin allanar violentamente su fecunda diferencia. La *fides quaerens intellectum* de San Anselmo es acaso el lema más fértil que se ha inventado y el que más agudamente define la mente del hombre. La fe que siente su propia plenitud en forma de enorme sed de intelecto —no de petulante satisfacción propia, no suponiéndose, ya y sin más, intelecto—: he ahí la audacia admirable del catolicismo. La fe no se contenta consigo misma: exige pruebas de la existencia de Dios, pruebas racionales, por $a+b$. No es una fe holgazana, no exonera de la fatiga intelectual, no nos da la ciencia, sino que, al revés, la exige. El señor Massis juega del vocablo. Habla equívocamente del catolicismo como religión y como una determinada filosofía que se ha dado en llamar católica: el tomismo. Su crítica literaria, en verdad, no es católica, sino tomista; como son tomistas todos los escritores de Francia que hacen ahora una ofensiva, bastante ofensiva, bajo una bandera de catolicidad.

—¿Y no le parece a usted obra benéfica? La mente contemporánea vive perdida en la mayor confusión. Esto es patente, sobre todo en el orden artístico. Los escritores a que usted se refiere proponen la salud en el tomismo, que es una doctrina integral y taxativa.

—Es cierto: vivimos en una espléndida confusión. Pero, ¡qué le vamos a hacer! Dios impone a la historia épocas que parecen claras y épocas que parecen confusas. Nuestro deber es aceptar lealmente la hora a que hemos sido citados sobre el planeta, y si es de confusión, confundirnos denodadamente, sin ahorrar esfuerzo, la pupila alerta y el corazón lo más poroso posible. Lo otro es ilusorio —en ciencia como en arte. Pregonar el tomismo como un específico no nos adelanta nada, como nada adelanta al artista que bracea angustiosamente náufrago en la tormenta actual del arte invitarle al clasicismo. La vida del hombre y el curso de la historia son cosas más graves y más trágicas que todo eso. ¡Bueno fuera que estuviese en nuestra mano ser en cada momento lo que nos viniese en gana: tomistas y clásicos, por ejemplo!

—De modo que para usted tomismo y clasicismo...

—Sí; con todo respeto sea dicho, y reservándome un

amplio margen para juicio más detallado y formal, tomismo, clasicismo y demás específicos me parecen cosas que inventan los hombres para no trabajar. Apartémonos cortésmente, pero un poco aburridos, de las personas que nos las proponen con gesto farmacéutico. El deber del hombre no es poseer, sea como sea, soluciones, sino aceptar, sea como sea, los problemas. Y éstos son siempre los actuales, son el destino de cada generación.

—Pero reconoce usted que el pensamiento europeo vive hoy en plena confusión...

—Si quita usted el «plena» lo reconozco resueltamente, y, además, resueltamente lo aplaudo. Algún otro día que hayamos de nuevo ejercitado nuestra musculatura y encontremos otro guardia benéfico que nos recluya en la prisión, le confesaré a usted por qué me parecen convenientes para Europa unos años de esa llamada confusión.

CUESTIONES NOVELESCAS

Para entendernos con el señor Massis era menester previamente recusar la ficción de su tomismo y de su presunto catolicismo. Uno y otro no son en el señor Massis sino máscaras de guerra como las que usan los mahoríes, «posturas» y batimán polémico. Nada urge tanto en la presente hora del espíritu como lograr que el escritor se deje de polémicas y gestos, de predicaciones y propagandas, para, en lugar de ello, sumergirse hasta el occipucio en las cuestiones substantivas. En definitiva, son las cosas quienes han de salvarnos, proporcionándonos nueva nutrición. De lo que ellas sean depende toda posible salud. ¿A qué perder el tiempo en recomendaciones o reconvenciones?

El señor Massis insinúa que la literatura sólo puede hoy salvarse en la novela y que la novela, no obstante, se halla en trance apurado. Una cosa aproximada sostengo desde antiguo. Vea el señor Massis cómo nos entendemos en las cuestiones efectivas. Conviene pensar con los ojos, es decir, disciplinar nuestro intelecto para que transcriba en conceptos lo que se ve, evitando suplantarlo por lo que se desea. Y lo que se ve en el área universal de las letras es un pavoroso desierto. Hay talentos, acaso más numerosos que nunca; pero no hay obras. Nuestra época es un formidable ejemplo de cómo para crear no basta el pensamiento. Hace falta el amor a las cosas y una genial humildad ante la obra misma que se emprende, respecto a sus leyes y estructura.

El señor Massis subraya certeramente la incompatibilidad de la novela con el estilismo. Hoy todos los escritores son estilistas —desde Chateaubriand, viene progresivamente produciéndose el fenómeno. «Advirtamos, desde luego —dice Massis— que el procedimiento creador del novelista difiere esencialmente del propio al artista literario. La táctica del novelista no es otra que dirigirse entero hacia las cosas.» El estilista, por el contrario, es un incansable Narciso literario que busca en toda linfa su propia imagen y, viceversa, compone su figura en previsión de linfas que la reflejen. Esta sed de sí mismo que aqueja a Narciso y le inclina sobre el estanque y sobre el charco es un tantálico castigo. Narciso convierte en espejo todo lo que mira y, al no lograr aburrirse de sí mismo, engendra el hastío en los demás.

La producción de nuestro tiempo es atrozmente fastidiosa, porque en ella no se va a la obra, a cada obra, sino que consiste en fabricar una actitud del sujeto perpetuamente repetida. Este narcisismo no es sino el síntoma que en el arte trasparece de un modo de ser general, el cual topamos parejamente en todas las dimensiones de la vida presente: la estrechez de alma. Las nuevas generaciones, al pairo de sus excelentes dotes, han nacido condenadas a ser almas angostas, sin aptitud de dilatación y porosidad. Por eso no son entusiastas de nada y curiosas de muy poco. El entusiasmo —la gran dilatación psíquica, según se confirma analizando el simbolismo de sus gestos correspondientes, todos ampliativos, como la exorbitación de los ojos, abrir la boca, ademán de elevar y separar los brazos; en fin, el aplauso— es un lujo vital, una aventura íntima y un riesgo; es brincar fuera de sí mismo y sumergirse en otro ser, persona, obra o cosa.

Para quien ya no es joven, nada más atractivo que perescrutar desde lejos las almas transeúntes de los jóvenes. (Un ingrediente eterno de la juventud es creer que los demás no ven nuestro ser íntimo. Cuando avanzamos en la existencia advertimos que en toda nuestra vida no hemos hecho otra cosa que gritar a los cuatro vientos el secreto de nuestro modo de ser, que tanto queríamos ocultar[1].) Oblicuos sobre ellas, prevemos el porvenir, como Cagliostro, mirando al fondo de un vaso de Borgoña, vio, diez años antes de ocurrir, la decapitación de María Antonieta. (La extraña escena se cuenta en las *Memorias* de Marmontel, y Alejandro Dumas la ilumina deliciosamente en *El collar de la reina.*) Los jóvenes viven hoy casi exclusivamente de complacencia en sí mismos. Sería injusto —y lo que es peor—, inexacto, poco perspicaz, creerlos excesivamente vanidosos. No, no; no es esto. ¡Ojalá que fuesen vanidosos! El vanidoso necesita atender a los demás. La vanidad es el impulso más tosco de cuantos nos llevan a mirar en derredor; pero, al fin y al cabo, un motivo para salir de sí mismo. La cosa es más complicada y más

---

[1] La otra experiencia que en este orden hacemos es curiosamente inversa: el joven que cree poder mantener arcano su íntimo ser cree, en cambio, que las gentes ven sus actos y le juzgarán por ellos, de suerte que, poniendo cuidado y rigor en éstos, se formarán los prójimos la imagen de nosotros que deseamos. ¡Vana ilusión! Las gentes, muy especialmente en nuestro país, no se enteran de lo que hacemos, o se enteran mal. Cuanta mayor exactitud impongamos a nuestras acciones, mayor será la mala inteligencia. Ofrecer exactitud al inexacto y continuidad al distraído son grandes errores de táctica vital. Resulta, pues, una cruel paradoja, que, no obstante, nadie deja de confirmar a los cuarenta años: lo invisible, que es nuestro carácter y secreto fondo, es lo que aproximadamente ven de nosotros los demás, y, por el contrario, lo visible, que son nuestros actos —hechos y dichos—, no consta debidamente en la idea que las gentes tienen de nosotros. He procurado decir algo para la aclaración de este enigma en el ensayo «Sobre la expresión, fenómeno cósmico». *[El Espectador,* VII, 1930.*]*

grave; no es que el joven de hoy, más que el de otro tiempo, se juzgue maravilloso y porque se juzgue así se complazca en sí mismo. Lo que pasa es que ha nacido casi ciego para toda maravilla exterior, que no tiene apenas experiencia de nada maravilloso, y, en consecuencia, puede vacar, sin excepcional vanidad y sin remordimiento, paradisíacamente, a complacerse en su persona, sea ella como sea, sin que necesite esta complacencia fundarse en una gran idea de sí propio. ¡Jóvenes amigos, sois ambulantes mónadas reclusas en sí mismas que, como las de Leibniz, no tienen ventanas!

Ahora bien: no es fácil que una mónada sea buen novelista. El alma del novelista —tiene razón Massis— pondera hacia las cosas: es un alma grávida, que tiene fuera de sí su principio motor. Funciona en virtud de atracciones, se deja arrastrar por los destinos ajenos. Tiene psicología de planeta o de satélite. (Una hipótesis vigente considera a la Luna como un cuerpo errabundo que, al pasar un buen día cerca de la Tierra, fue captado por la atracción de ésta y gira desde entonces en círculo cada vez más cerrado, hasta que otro buen día caiga sobre nuestro globo y se confunda con él.) No es, pues, extraño que los jóvenes, al menos en España, prefieran la ocupación lírica, que es más monadológica e implica el mínimo esfuerzo.

«Lo que pedimos a la novela», titula Masiss uno de los capítulos de sus *Reflexiones*. A su juicio, la guerra ha constituido una terrible experiencia que marca indeleblemente las almas a ella sometidas. Merced a esa experiencia el europeo ha sido puesto en contacto con la realidad cruda y última. Es vano, por tanto, que se nos quiera divertir con ornamentación y fantasía. Necesitamos una literatura más humana. El propio Massis imprime esta palabra en cursiva y se disculpa de usarla. «Es vaga, es equívoca, es peligrosa», dice. Sin embargo, insiste en ella y nos deja sin precisión sobre su sentido. Lo más claro que conseguimos es esto: «Queremos novelas en que pase algo, en que la vida sea aventura y drama en que el hombre real no se halle ausente, el hombre que hemos visto, tal cual es y que no tiene nada que ocultarnos. Hemos recibido en todos los órdenes una gran lección de realismo.»

¿Nos deja satisfechos, esclarecidos, esta fórmula que pretende definir el apetito literario del tiempo? Yo no podría decir que me parece falsa, pero sí que me parece insuficiente. Ya el hacer intervenir la guerra es mal signo. Ni las guerras, ni el catolicismo, ni la geometría explican las variaciones literarias.

En una conferencia sobre «La novela de hoy» François Mauriac se plantea así la cuestión: «El novelista nos presenta a los hombres en conflicto: conflicto de Dios y del hombre en la religión, conflicto del hombre y la mujer en el amor, conflicto del hombre consigo mismo. Ahora bien: si hubiese que definir en novelista este tiempo de trasguerra, diríamos que es una época en que disminuyen cada vez más los conflictos de que la novela había vivido hasta ahora»[1]. El señor Mauriac es católico; el señor Massis, también. Sin embargo, el tema de la novela da ocasión para que el señor Mauriac sostenga en todos los puntos una tesis contradictoria de la del señor Massis. Lo cual demuestra andando que el catolicismo no nos proporciona una doctrina estética, como el señor Massis pretende.

El señor Massis quiere que en la novela «pase algo», y ese algo es, por lo visto, un conflicto —religioso, amoroso, personal—, como pasaba en Balzac. El señor Mauriac, pensando, yo creo, más lealmente, más al hilo de las cosas, declara que la novela no puede radicar en la historia de un conflicto, porque hoy no los hay, y, consecuentemente, no debe parecerse a Balzac.

Si en última instancia lleva o no dentro de sí conflictos el alma contemporánea es cuestión delicada. Pero es innegable que, aparentemente, se halla libre de ellos, y

---

[1] «Le roman d'aujourd'hui», *Revue Hebdomadaire,* 19 de febrero, 1927.

este hecho debía causar mayor sorpresa de la que levanta. ¿Qué quiere decir esa ausencia de conflictos, por lo menos, esa evidente disminución de angustias íntimas, esa niñez inesperada que sobreviene al europeo cuando sus conflictos exteriores empiezan a ser pavorosos?

Pero dejando ahora este grueso tema, ¿cree Mauriac que si hubiese conflictos en nuestra vida nos interesarían en la novela? Este paralelismo entre las formas del arte y del contenido de la vida es un poco ingenuo. La historia nos pasma dándonos el espectáculo escandaloso de la aparente independencia entre el apetito artístico y el destino vital. Mientras los parisienses del 93 se guillotinaban mutuamente, el *Mercure de France* publicaba versos titulados «A los manes de mi canario». Cuando yo tenía veinte años me irritaba esta incongruencia; hoy me parece admirable. Ella me recuerda que la vida es más profunda que mis ideas preconcebidas y me invita a ensanchar éstas, a seguir la pista subterránea de los instintos humanos. Porque hay, en efecto, paralelismo rigoroso entre nuestro estilo y nuestra existencia; pero son idiomas distintos y es preciso descubrir la clave de sus exquisitas correspondencias. En la época más abrumada de la vida ateniense, cuando se deshace su poderío y su riqueza en trágico derrumbamiento, la gracia elástica y aérea de Praxiteles fluye en *allegro cantabile* por los mármoles y destierra de sus figuras toda pesadumbre.

Después de todo, los conflictos de Balzac no nos son extremadamente ajenos, y si nos aburren, no es por su contenido, sino precisamente por lo que tienen en general de conflictos. El drama que nos presentan nos sabe a dramón, y si logra interesarnos —cosa difícil—, lo que logra es movilizar y sacudir el cieno melodramático que yace en los bajos fondos de nuestra alma, el *humus* fermentario de nuestra afectividad. Presas de su influjo, perdemos la serenidad para contemplar la novela como tal, como obra literaria.

Massis, más patriota y católico que sincero cazador de

verdades, más propagandista de específicos que intelectual, que hombre de cuestiones, postula un retorno a la pura fórmula de la novela francesa, cuyo ejemplo es Balzac. Mauriac, más dócil a las solicitaciones de la verdad, confiesa que «no es posible contenerse con la fórmula de la novela psicológica francesa en que el ser humano se halla en cierto modo delineado, ordenado, como la naturaleza lo está en Versalles». Los héroes de Balzac «son siempre coherentes; ninguno de sus actos se resiste a ser explicado por su pasión dominante ni se sale de la línea del personaje». Massis cree que precisamente por esto hay que volver a Balzac. Por lo visto, reina el cisma en este turbulento catolicismo literario de Francia.

Y es el caso que, a mi juicio, ambos discrepantes tienen razón. Frente a la dispersión y anormalidad constitutiva de las figuras proustianas, «que carecen de un centro», es razonable que Massis demande coherencia de la persona; pero la coherencia en Balzac es pobre esquematismo, y Mauriac hace bien en subrayar la fértil enseñanza de relativa incongruencia que a la tradición novelesca de Francia agrega Dostoievsky.

La solución que Mauriac propone para resolver la crisis de la novela tiene un sabor diplomático que enternece: «el acuerdo entre el orden francés y la complejidad rusa».

LA INTELIGENCIA DE LOS CHIMPANCES

Pocas veces una pura investigación psicológica ha producido impresión tan honda y fulminante como el examen de la inteligencia de los chimpancés de Wolfgang Köhler, que comenzó a publicarse en 1917. Hoy ejerce Köhler el mandarinato de psicología que más alto rango posee en el mundo: la dirección del laboratorio berlinés, investida hasta hace pocos años por Stumpf. Recientemente ha resumido sus observaciones sobre la mentalidad de los antropoides en una conferencia dada en Madrid (Sociedad de Cursos y Conferencias). A los que escucharon esta conferencia —principalmente, gente de letras y gente de mundo— les pareció interesante y grata, pero un poco ingenua.

Se ha observado que los madrileños, cuando creen haber entendido un tema científico de que se les habla, lo encuentran siempre ingenuo. Y el caso es que tienen razón. Hay en la ciencia un fondo de ingenuidad, más aún, de puerilidad, que contrasta con la «listeza» del buen madrileño. Un hombre de ciencia es un poco niño toda su vida. Decidme lo que una persona «seria», completamente seria, de una nación o tribu que ignorase el sentido de la ciencia, pensará por fuerza si entra en un laboratorio de física o de química. Ve allí hombres maduros, cuando no ancianos, de aspecto tan «serio» como el suyo, pero que se dedican a ir y venir por el aposento, vestidos con grandes blusones, destapando frasquitos, encendiendo hornillitos, doblando tubitos de vidrio en una llamita de alcohol, pesando minucias en el juguete de una balanza, y todo esto con el gesto beatífico que ponen los niños cuando juegan. Comparativamente es mucho más serio —¡qué duda cabe!— un Consejo de Administración en que se barajan millones, se afrontan huelgas, se fijan jornales, se determinan dividendos. Es más seria también la política, aunque sea la de un gobierno de provincia, en que se maneja la Guardia Civil y la Policía, se giran órdenes a los alcaldes de los pueblos, se encarcela a los periodistas y se combate un motín. En rigor, hasta es más serio un baile, más comprometido, más satisfactorio, de consecuencias más efectivas para el individuo. Frente a todas estas cosas, la ciencia cobra un aire pueril que conviene subrayar. La importancia de sus resultados, que patéticamente solemos encarecer, tiende a ocultarnos el hecho indubitable de que la ciencia no existiría si ciertos hombres no conservasen en su madurez un lujo de infantilidad. Porque se trata, en efecto, de un lujo, de un más en la escala de la vitalidad; no de un menos. Interesarse por lo que pasa en el líquido cuando se vierten sobre él unas gotas de otro supone, como puro fenómeno biológico, mucha más pujanza vital, más sobra de íntimas energías que todas esas ocupaciones «serias». El interés desinteresado, la curiosidad hacia los objetos mide, con rara exactitud, la dosis de fuerza vital que poseamos. Por eso en el niño son enormes y casi nulas en el hombre decrépito. Por eso son mayores en el sano y menores en el enfermo. La energía orgánica apenas ha sobrepasado la medida estrictamente necesaria para sostener al individuo, tiende a rezumar desde éste hacia el contorno, hacia el mundo en derredor. En el simbolismo fisiognómico, que es siempre tan certero, vemos esto confirmado; el gesto «serio» es síntoma biológico de depresión, de balance vital poco favorable. La energía orgánica no llega a más que a la frontera del cuerpo, incapaz de añadir al movimiento ineludible el suplemento lujoso de movilidad que es la sonrisa[1].

Pues bien, Köhler ha vivido seis años en Tenerife dedicado a la infantil operación de observar unos chimpancés[2]. Se proponía averiguar si los actos de estos animales implican inteligencia en un sentido rigoroso del término. Este sentido rigoroso coincide, por el pronto, con el más usual del vocablo. Inteligencia es comprensión de lo que se tiene delante; es percatarse de que las cosas son lo que son. Pero entonces se dirá, todos los animales tienen inteligencia. El pollo recién nacido pica el grano de trigo que encuentra en el suelo; se da cuenta, pues, de que aquel punto material es diferente de la tierra en torno y, además, de que es comestible; en suma, de que es un grano de trigo. Y esto lo ejecuta igualmente el pollo criado por gallina que el nacido de incubadora. Sin embargo, esta conducta supondría no ya inteligencia, sino don profético; no sería entender lo que se tiene delante, sino prever el futuro. ¿Cómo sabe el pollo que aquel diminuto objeto, nunca visto por él antes, es sustancia nutritiva y que le va a sentar muy bien?[3].

Tengamos, pues, un poco de cautela y no confundamos los hechos con la explicación inyectada en ellos por

---

1 Sobre otra coincidencia más honda entre ciencia y niñez, véase el ensayo «Vitalidad, alma, espíritu», *[El Espectador,* tomo V, 1925.*]*

2 Köhler: *Intelligenzprüfungen an Menschenaffen,* segunda edición, 1921. La exposición más completa de las experiencias y la discusión minuciosa de la teoría resultante pueden verse en el libro de Koffka, *Bases de la evolución psíquica,* Revista de Occidente, 1927. No creo que exista hoy libro de psicología más interesante que éste.

3 El hecho referido así es inexacto. Lloyd Morgan *(Habit and Instinct,* 1906; *Instinct and Experience,* 1912), ha demostrado que el pollo pica primero toda forma pequeña que destaca sobre el suelo, sea o no comestible. El problema, no obstante, es, a la postre, el mismo, aunque menos fácil de exponer.

nosotros. Lo que vemos es una reacción adecuada, útil, beneficiosa para el animal. Que esa reacción adecuada proceda de inteligencia es ya una hipótesis nuestra y, como tal, sólo será fehaciente cuando sea inevitable.

El animal, incluso el hombre, ejecuta muchos movimientos adecuados que logran un resultado ventajoso para su organismo y que no implican inteligencia. Si alguien acerca rápidamente a nuestros ojos un objeto, nuestra cabeza se retira bruscamente y los párpados se cierran en un instante. Sin embargo, no hemos decidido el movimiento por inteligencia. Ha acontecido en nosotros automáticamente. Entonces decimos que se trata de un movimiento reflejo.

Reflejo, instinto, asociación son tres principios explicativos que nos permiten ordenar en tres clases diferentes las reacciones adecuadas del animal. Cuando la reacción es simple y uniforme, rígida, invariable, cualquiera que sea el estimulante, decimos que es un mero reflejo. Cuando se trata de una reacción complicada, en que interviene toda una serie de actos y que se adapta a ciertas variaciones del estímulo, decimos que es un instinto. El pájaro que hace por vez primera su nido lo hace ya bien; no necesita aprendizaje. Y la obra supone un número considerable de movimientos que se amoldan a las circunstancias; no como el reflejo, que se dispara idéntico, sea cualquiera su motivo. La mejor definición del instinto es ésta: son instintivas aquellas acciones del animal que, ejecutadas por primera vez, son ya perfectas; es decir, lo suficientemente adecuadas para conseguir un resultado útil. Tal vez en el instinto no cabe perfeccionamiento ulterior[1].

El instinto, sin embargo, es también ciego, automático, ininteligente. No se ejecuta *en vista* de una situación

---

[1] Véase Driesch: *La filosofía del organismo,* traducción francesa, 1925. Otras definiciones del instinto en Ziegler: *El concepto del instinto antes y ahora,* tercera edición, 1920 (en alemán), y los libros ya citados de Lloyd Morgan y Koffka.

dada, sino que procede mecánicamente en su desarrollo general; sólo en el detalle goza de un cierto margen para adaptar aquel proceso mecánico a las circunstancias. La ardilla entierra las nueces que le sobran una vez harta. En un laboratorio, la ardilla llevará la nuez sobrante tras un canapé y sobre el suelo de mármol hará estúpidamente los movimientos de escarbar una tierra que no existe y de sepultar en ella el fruto.

Reflejos e instintos son, pues, como piezas de repertorio que trae ya inscritas en su organismo el animal cuando comienza a vivir. Ahora bien: la reacción inteligente será aquella que el animal improvise *en vista* de una situación nueva. Por ejemplo: en la jaula de un chimpancé colocamos unos plátanos a altura tal que la bestia no pueda cogerlos por mucho que brinque. Echar la mano al fruto, saltar hacia él son actos del repertorio instintivo. Pero en la jaula hay un cajón. El chimpancé, después de brincar inútilmente en dirección a los plátanos, mira en derredor; sus ojos se fijan en el cajón y del cajón van a la fruta. Luego se acerca al cajón, lo arrastra hasta colocarlo bajo los plátanos, se sube en él y alcanza el fruto. ¿No ha habido aquí una creación inteligente? El cajón ha adquirido un *nuevo* carácter. Antes era para el mono un objeto habitual, sobre el cual los otros chimpancés se sentaban; ahora es miembro de una relación ideal y no meramente visual: es medio o instrumento para alcanzar la fruta. La reacción del simio es adecuada y es nueva, improvisada con arreglo a una situación también nueva. El animal parece haber *entendido* el nexo ideal que se establece entre un objeto y una finalidad, merced al cual el objeto se convierte en *medio para* otra cosa.

He aquí otra experiencia. El plátano es colocado fuera de la jaula, delante de sus barrotes, a distancia suficiente para que no pueda el mono cogerlo con la mano. En la jaula hay un palo. El mono acabará por tomar el palo y atraer el plátano. Köhler complica más la situación: pone el palo también fuera de la jaula, donde no llega la mano del chimpancé. Dentro de la jaula deja un palo más pequeño. El mono, después de fracasar con sus procedimientos instintivos, toma el palo menor, con él atrae el mayor, y con éste, por fin, la fruta. Más aún: si en vez de esos dos palos se deja en la jaula o cerca de ella dos cañas de diámetro diferente y se coloca el plátano muy lejos, el chimpancé acaba por enchufar una caña en otra y de este modo capturar el plátano. Ha creado un instrumento. Ya no puede definirse al hombre como *homo faber* o, según la expresión de Franklin, *animal instrumentificum*.

Nada de esto es comparable a las gracias de un mono amaestrado; pero el caso es que aquí es el mono maestro de sí mismo. El simio de circo no entiende lo que hace. Sus reacciones no son reflejas ni instintivas, puesto que son adquiridas; pero son tan mecánicas como aquéllas. Un tercer mecanismo ciego rige sus movimientos: la asociación. El gato escaldado que huye del agua huye también del agua fría, como dice el decir. Su fuga es automática. No hace, sino *repetir* un movimiento que ya otras veces siguió a la impresión del líquido caliente. La asociación viene a ser un instinto adquirido.

Las observaciones más interesantes de Köhler son aquéllas en que el animal, para resolver el problema, tiene que ejecutar movimientos contrarios a los que el instinto le impone. Nunca aparece tan clara la chispa de intelección como en el conflicto contra el instinto y su superación. Se pone el plátano en un cajón cerca de los barrotes, y al cajón se le quita la tabla opuesta a la jaula. En tal coyuntura, el mono no puede acercar a sí el plátano, porque la tabla inmediatamente próxima se lo impide. Tiene que coger un palo y empujar el plátano hacia el otro lado del cajón, que está libre, y luego, por la derecha o por la izquierda del cajón, atraerlo a sí. Casi todos los aniamles de Köhler fracasaron en este ensayo, de cariz más sencillo que otros. Lo instintivo es acercar el plátano; lo inteligente es alejarlo, haciéndose cargo de las circunstancias.

La inteligencia es, pues, la percatación de relaciones

entre las cosas; es ver a éstas como miembros de una estructura, en la cual cada una tiene su papel, su «sentido»[1]. Un ser que al cambiar la situación o estructura perciba el cambio de papel, de «sentido» de las cosas integrantes, a pesar de que visualmente siguen siendo las mismas, es un ser inteligente. Ejemplo de este cambio es un palo que, siendo el mismo, se usa unas veces para acercar el plátano y otras para alejarlo.

Un detalle curioso y que invita a la meditación es éste: parece que había de ser más difícil traer un cajón desde lejos al sitio oportuno que, viceversa, quitarlo simplemente para coger el plátano, que está del otro lado. Pues bien, esto es lo que cuesta más trabajo al chimpancé. Es decir, que es más difícil prescindir mentalmente de una cosa instalada delante de nosotros, *imaginando* una estructura o situación nueva de que se halle ausente, que añadir a lo presente un nuevo elemento. En la historia humana asimismo ocurre siempre: que es más fácil agregar lo nuevo al pasado que desasirse de éste. ¡Cuántas mejoras sociales no se lograrían sencillamente sin más que suprimir supervivencias del pretérito! La agilidad de la vida americana, su eficiencia ejemplar, no se debe a una inteligencia superior a la europea; más bien la superioridad se halla de nuestra parte. Pero los europeos tenemos mucho pasado, mucha supervivencia arcaica, muchos cajones que quitar.

---

[1] Es un error definir la inteligencia como la posesión de imágenes genéricas (conceptos). Köhler insiste muy justamente en que se puede ser estúpido y demente manejando conceptos genéricos. Cuando hay inteligencia son éstos, sin duda, un auxiliar magnífico, pero no constituyen el intelecto.

GONGORA
1627-1927

Muy urgido. Prisa. Como temo no poder escribir sobre Góngora en éste su año centurial, espumo antiguas notas, de varia fecha, y las doy en paños menores, según yacían sobre las octavillas de apuntes —doncellas de la memoria, diría el mal Góngora; y algún glosador explicaría: doncellas, porque a la par son cándidas y prestan servicio.

Como toda planta tiene, en rigor, dos raíces de nutrimiento y dos polos vegetativos —el que se hunde en la tierra y el que se sume en la atmósfera— y crece a la vez en dos sentidos opuestos —hacia el centro subterráneo y hacia las estrellas—, así la poesía de Góngora: la nube «culta» y el *humus* del realismo poético popular. Niega lo intermedio por impuro. Se entrega a lo suprarreal del cultismo y a lo infrarreal de la inspiración plebeya, que es siempre satírico, exacerbado y agrio. Creación y caricatura: «Soledades» y «Letrillas».

¿Creación?...

La poesía es eufemismo —eludir el nombre cotidiano de las cosas, evitar que nuestra mente las tropiece por su vertiente habitual, gastada por el uso, y mediante un rodeo inesperado ponernos ante el dorso nunca visto del objeto de siempre. La nueva denominación lo recrea mágicamente, lo repristina y virginiza. ¡Delicia aún mayor que la de crear ésta de recrear! Porque la creación, donde no había nada pone una cosa; pero en la recreación tenemos siempre dos: la nueva, que vemos nacer imprevista, y la vieja, que recobramos a su través. Operación endiablada. Rejuvenecimiento. Fausto joven que lleva dentro al decrépito Fausto.

Los movimientos de la poesía europea están todos inscritos en Dante. Veamos qué hace Dante cuando tiene que hablar de la izquierda. Dirá esto:

Da quella parte ove il core ha la gente.

Si quiere conducirnos al Mediterráneo, nos engañará hablándonos de

La maggior valle in che l'acqua si spanda.

Aligera el nombre ya un poco inerte de Nazareth diciendo:

Là dove Gabriello apperse l'ali;

y suplanta el vocablo España con esta indicación:

In quella parte ove surge ad aprire
Zefiro dolce le novelle fronde,
Di che si vede Europa rivestire.

De esta manera, tomada por sorpresa la realidad, herida en el flanco menos guardado y presumible, se entrega absolutamente, siempre en forma de primer amor. Es natural: la poesía vuelve a poner todo en alborada, en *status nascens,* y salen las cosas de su regazo desperezándose, en actitud matinal, emergiendo del primer sueño a la primera luz.

Pero este destino esencial de toda poesía la obliga a un desplazamiento progresivo, a huir de sí misma, a negar la de ayer, a buscar nuevas denominaciones mediante más largos y abstrusos rodeos.

Gran error creer que poesía es naturalidad: no lo ha sido nunca mientras fue poesía. La antigua, la clásica, mucho menos natural que la nuestra. Ya lo he dicho una y otra vez: Homero, como Píndaro, comienzan por hablar en un idioma convencional que no habla pueblo alguno. Su tema —la mitología— tampoco es natural, sino, por definición, materia sobrenatural.

Poesía no es naturalidad, sino voluntad de amaneramiento. Su historia se desarrolla en potencias crecientes de amaneramiento. A veces se le quiebran las alas y recae en la prosa para volver a iniciar el proceso de alquitaramientos sucesivos. A veces, de puro remar en el viento, se pierde en lo azul. El eufemismo se hace ininteligible. Dante es la primera potencia, con su «estilo gentil», y era inevitable que la poesía europea pasase por la enésima potencia del «estilo culto». Siglos después había de volver a rozar la misma esfera con Mallarmé. Siempre que la poesía se eleva a esta altitud reaparece la fauna clásica y habla de faunos, ninfas, cisnes, juega con los dioses...

—armado a Pan o semicapro a Marte—.

Algunos eufemismos de Góngora:
Cohetes:

luminosas de pólvora saetas
purpúreos no cometas[1].

---

[1] Sobre el tema general de la metáfora, y, especialmente, sobre la negación como medio expresivo de ella, véase, «Las dos grandes metáforas». *[El Espectador,* IV, 1924.]

Caparazón del marisco:

el justo arnés de hueso.

La paloma:

la ave lasciva de la cipria diosa.

La mesa:

cuadrado pino.

Pájaros:

cítaras de pluma.
Esquilas dulces de sonora pluma.

Gallo:

doméstico del Sol nuncio canoro.

Flechas

áspides volantes.

Fuego en el hogar:

que yace en ella la robusta encina,
mariposa en cenizas desatada.

La luz en la noche:

está en aquel incierto
golfo de sombras anunciando el puerto.

El cisne:

Blanca más que las plumas de aquel ave
que dulce muere y en las aguas mora.

(Entre paréntesis: dos de los versos mejores en que ha logrado amanerarse la lengua castellana.)

No creo necesario establecer una relación de influjos entre Góngora y el caballero Marino. Gongorismo y marinismo y eufuismo son tres amaneramientos diferentes a que sin remedio tenía que llegarse en Europa, dado el nivel del progreso lírico. Los tres son fruta del barroco. En las épocas barrocas se substantiva el ornamento. Esto es la poesía del siglo XVII. Casi todo lo llamado clásico en poesía es, en verdad, barroquismo. Por ejemplo: Píndaro, tan difícil de entender como Góngora.

Si sabe usted un poco de mecánica —con muy poco basta— entenderá usted esto: tal vez toda poesía, pero ciertamente la de Góngora, consiste en evitar la tangente. Ejemplo entre mil:

Galanes los que tenéis
las voluntades cautivas
en el Argel *de unos ojos.*
(Romance CXIX.)

Se habla de la cautividad espiritual que la belleza de unos ojos produce; pero, en vez de seguir el camino recto de la *idea* o *concepto,* el poeta lo abandona, buscando la *imagen* adyacente que la cautividad corporal provoca: Argel, tierra de cautiverio. Esta diversión inicia otra trayectoria —la de que unos ojos pueden ser un Argel—, y así, sucesivamente. Por tanto, en lugar de seguir la línea recta, la tangente que en dinámica representa la inercia, encontramos una curva: la «aceleración» que la engendra es la inspiración, la fuerza poética encargada de enriquecer, de complicar, de encorvar el camino. El sol no hace con sus planetas otra cosa que el poeta con sus palabras: les obliga a gravitar, a proceder en órbitas, en itinerarios curvilíneos, e impide rigoroso la fuga tangencial.

Góngora —maravillosa poesía de nuestro pueblo inhumano, a diferencia de la francesa, que hasta hace poco fue siempre humana. ¿No es inhumana la pura fruición en el puro mineral de la imagen?

Léase con un poco de buen sentido nuestro Parnaso del siglo XVII, e inténtese, partiendo de él, reconstruir el tipo de alma que lo ha fraguado. El que haga esta experiencia acabará echándose las manos a la cabeza sobrecogido de espanto.

Cuando Góngora quiere tocar lo humano produce un lirismo canalla, como el del romance XXXIII. (Cito según la «Biblioteca de Autores Españoles»; no tengo otra edición, salvo la nueva de las *Soledades,* hecha por Dámaso Alonso[1]. No soy erudito.)

Lo mejor de nuestra poesía, por tanto, lo mejor de Góngora, tiene un carácter de exuberancia inconfortable para todo el que sea medianamente psicólogo. Recuerda la escultura de la India, que en formas intrincadas, frenéticas y locas cubre a lo mejor la ladera toda de un monte. Es lo informe y lo caótico dentro del afán mismo que quiere crear formas. Se ha dicho que esa exuberancia de toda la vida indostánica le da un sentido vegetal. Es la selva que se ahoga en su propia fecundidad.

No puedo leer a Góngora —como a Lope— sin sentir a la vez fervor y terror. Porque en ellos lo egregio y perfecto confina siempre con lo bárbaro y atroz. El «culto» Góngora tenía un alma inculta, rústica, bárbara. Imagina uno sus amores con mujeres que no se lavaban, envueltas en muchas, muchas faldas de telas muy toscas. Es penoso, es azorante recibir una imagen divina, como algunas de Góngora, arropada en un tufo labriego y de redil.

No se comprende cómo un beneficiado de Córdoba en los siglos XVI y XVII —llénense estas palabras de su

---

1 El prólogo a esta edición me parece lo más pulcro que se ha dicho sobre Góngora.

exacto sentido— pudo encontrar dentro de sí la exquisitez incalculable, la aérea elegancia que revelan las dos octavas siguientes. En la primera pide al conde de Niebla que interrumpa un rato la caza altanera para oír versos:

Templado pula en la maestra mano
El generoso pájaro su pluma,
O tan mudo en la alcándara, que en vano
Aun desmentir el cascabel presuma;
Tascando haga el freno de oro cano
Del caballo andaluz la ociosa espuma;
Gima el lebrel en el cordón de seda
Y al cuerno, en fin, la cítara suceda.

En la segunda se abre un paisaje vespertino:

Mudó la noche el can: el día dormido
De cerro en cerro y sombra en sombra yace;
Bala el ganado; al mísero balido
Nocturno el lobo de las selvas nace;
Cébase y fiero deja humedecido
En sangre de una lo que la otra pace.
Revoca Amor los silbos, a su dueño
El silencio del can siga o el sueño.

Góngora es, ante todo, las *Soledades*. Es bochornoso que sobre esto exista aún discusión. Porque la discusión que existe no se refiere a lo interno de esta obra, a su eventual fracaso íntimo, sino a cuestiones de escaleras abajo. Quien diga que no entiende las *Soledades* no dice, en rigor, sino que no las ha leído con mediana atención. Las *Soledades* no son ni más ni menos inteligibles que cualquiera otra obra poética; por ejemplo: que las «populares» letrillas o romances del mismo poeta. En unas y otras hay pasajes problemáticos. Los hay en la más trivial conversación.

Lo que pasa es que las *Soledades* llevan un propósito distinto del que anima a la poesía inferior. Ésta, más o menos, narra un suceso externo o interno, describe un objeto —corporal o sentimental—, según él es, ornándolo con tal o cual guirnalda y pulcro aditamento.

No tiene sentido tachar de oscuro a un jeroglífico porque no se puede leer resbalando con la pupila horizontalmente de figura en figura. El jeroglífico nos invita a una lectura vertical; tenemos que calar la superficie de cada imagen y, entonces vemos que por debajo se unen las unas a las otras. El poeta ha hecho el camino en sentido opuesto: parte de una realidad y busca su transcripción poética, por decirlo así, su doble en el trasmundo lírico. Esto es lo que nos da: su propósito es, precisamente, tapar lo real, encubrir lo cotidiano con fantasmagoría.

Las *Soledades* extreman esta duplicidad, porque los hechos y objetos que buscan recamar son lo más prosaico y vulgar del mundo. Se trata precisamente de hallar para la cosa más vil su cuerpo astral, su perfil poético, su logaritmo de irisaciones bellas. He aquí, por ejemplo, un plato con carne seca de macho cabrío, manjar de aldea castiza. Búsquese la proyección que arroja en el orbe poético, como en la atmósfera polar produce toda cosa su *Fata Morgana*. Tendremos: carne de macho cabrío; por tanto, de un macho que ha muerto, verosímilmente, viejo y no de enfermedad, puesto que es comestible su despojo. Muerto, entonces, de riña con algún otro macho. Góngora invierte esta serie de imágenes, y acabará por lo que es primero en el orden natural: el aspecto visual de la carne sobre el plato:

El que de cabras fue dos veces ciento
esposo casi un lustro —cuyo diente
no perdonó a racimo aun en la frente
de Baco, cuanto más en su sarmiento—
(triunfador siempre en las celosas lides,
lo coronó el Amor; mas rival tierno
breve de barba y duro no de cuerno,
redimió con su muerte tantas vides),
servido ya en cecina,
purpúreos hilos es de grana fina.

A esto llamo el cuerpo astral, el doble poético de un plato de cecina. Transfiguración. Misión jeroglífica del verso. Mallarmé.

En el gongorismo el arte se manifiesta sinceramente como lo que es: pura broma, fábula convenida. ¿Y es poco ser broma?

En estos días, un ilustre paleontólogo, Edgar Dacqué, sostiene que antes de los hombres como nosotros existieron hombres con un ojo en la frente: el ojo pineal, del que es la glándula así llamada última supervivencia. Y añade que aquellos hombres monoculares no poseían inteligencia, sino una facultad superior de intuición mágica, de penetración sonambúlica en lo cósmico. Góngora intenta restaurar esa inspiración pineal y mira el universo con el ojo ígneo de Polifemo. Las cosas que habían caído en la quietud y en la prosa vuelven a la danza de la metamorfosis. El racionero, irónicamente, prestidigita y se saca cisnes de las mangas, convierte en áspid la flecha, el pájaro en esquila, la estrella en cebada rubia. Eternamente, la poesía ha consistido en dar gato por liebre, y a quien esto no divierta, sólo cabe recomendar, como la ramera de Venecia a Rousseau, que estudie la matemática... Yo preferiría, sin embargo, que los jóvenes argonautas de la nave gongorina se complaciesen en limitar su entusiasmo. Sin límites no hay dibujo ni fisonomía. Hay que definir la gracia de Góngora, pero, a la vez, su horror. Es maravilloso y es insoportable, titán y monstruo de feria: Polifemo y a veces sólo tuerto.

SOBRE UNAS «MEMORIAS»

Querido amigo: Como estoy sin libros, a solas con el Cantábrico, le he agradecido en segunda potencia que me dejase usted anteayer estas Memorias de la marquesa de La Tour-du-Pin[1]. Aunque son dos buenos tomos, los he absorbido en veinticuatro horas. Verdad es que han cooperado a la lectura la lluvia incesante y un poco de malestar. Para leer conviene estar un tanto deprimido. La perfecta euforia nos invita demasiado a la actividad y hace que nuestro pensamiento interrumpa a cada paso la lectura para seguir sus propias navegaciones. Mas hoy vuelvo a la indigencia como lector, sin que la lluvia y el malestar hayan cesado. He aquí por qué tomo la pluma y me entretengo en comunicarle algunas observaciones sugeridas por estas Memorias.

---

[1] El título, poco afortunado, es éste: *Journal d'une femme de cinquante ans* (1778-1815).

Francia es el país donde se han escrito siempre más Memorias; España, el país en que menos. ¿Por qué? Hay quien habiendo sido hombre público escribe sus Memorias con el propósito de rectificar su imagen, contestar acusaciones, aclarar actos equívocos o revelar secretos. Otros, más altruistas, rememoran el pasado visto por ellos, sin otro fin que hacer más fácil la labor a los futuros historiadores. Pero tales motivos no son frecuentes y no bastan para explicar la abundancia magnífica de memorialismo que siempre ha gozado Francia. Además, no había razón entonces para que en España existiesen tan pocos libros de recuerdos. Las mismas razones antedichas se dan en nuestro pueblo y debieran haber alumbrado pareja vena de literatura reminiscente.

Yo necesito buscar una causa que me explique a la vez los dos hechos superlativos. Por qué en Francia más que en ninguna otra nación europea? ¿Por qué en España menos que en el resto?

La cosecha de Memorias en cada país depende de la alegría de vivir que sienta. Los franceses son la gente que se complace más en vivir. Encuentran que, buena o mala, la vida es siempre deliciosa si se acierta a degustarla. Córtese por el instante que sea la historia de Francia y se sorprenderá a toda una nación, no sólo viviendo, sino deleitándose en su vivir. Es indiferente que la hora sea luminosa o sombría. La gente goza en Versalles, pero goza también en la Conserjería momentos antes de ser guillotinada. Gozan los nobles dentro de sus casas, pero no menos se complace el pueblo en las *barrières* o en las alquerías. Se dirá que esto no tiene gran mérito, porque la vida francesa contiene muchos placeres, muchos más, por ejemplo, que la española. No tiene duda; pero es un error suponer que este repertorio de placeres es la causa del amor a la vida, activo siempre en el francés. La verdad es lo inverso. A fuerza de deleitarse *a priori* en la existencia, sea ésta como quiera, han llegado a crear en ella mil delicias. Se olvida que, junto a éstas, la historia francesa presenta mayores y más continuas penalidades que ninguna otra nación europea. Francia no ha podido nunca descansar. Ha estado siempre en la brecha y a máxima tensión.

Las Memorias son un síntoma de complacencia en la vida. No basta con haberla vivido, sino que gusta repasarla. Recordar es hacer pasar de nuevo el río antiguo por el cauce cordial. Es dar palmadas en el lomo a la existencia pronta a partir. Las Memorias son el resultado de una *delectatio morosa* en el gran pecado de vivir.

No es, pues, sorprendente que en Francia superabunden las Memorias. A la misma causa se debe atribuir su enorme producción de novelas. Note usted que las de estilo francés ni son ideológicas, como las alemanas, ni fantásticas, como las inglesas. No se concibe su gestación si no suponemos en la masa ingente de autores y lectores, por debajo de las demás razones, una radical voluptuosidad ante la vida, que les lleva a complacerse en la descripción de todas sus formas y situaciones, dulces o amargas, penosas o gratas. Memorias y novelas son dos maneras gemelas de acariciar la existencia.

El temple de la raza española, estrictamente inverso. ¡No puede extrañar la escasez de Memorias y novelas si se repara que el español siente la vida como un universal dolor de muelas!

EL PUNTO DE VISTA

La historia recompone el pasado en grandes cuadros sintéticos, recorta la figura de los grandes sucesos, de los advenimientos, de las catástrofes. Tiene, en suma, su propia perspectiva. El memorialista corre siempre el riesgo de dejarse absorber por esa perspectiva histórica. Entonces su obra pierde gracia y autenticidad porque le falta evidencia. La historia no es recuerdo, sino una reconstrucción intelectual del pasado. A fuer de reconstrucción intelectual adopta un punto de vista irreal. El historiador asiste a la vida toda de un pueblo o de un hombre. Esto quiere decir que, en rigor, no asiste a nada. Todas las partes de la realidad, cuya historia nos hace, están en primer plano y a igual distancia de él, como miradas por la pupila ubicua de un dios. En cambio, el recuerdo impone siempre a lo real una perspectiva privada, modela el paisaje, distribuyéndolo en primeros y últimos términos; sobre todo, traza la órbita de un horizonte redondo, más allá del cual no vemos nada.

Cada género literario posee un decálogo mínimo que es forzoso cumplir si se quiere acertar. La idea de que no existen géneros, y, por tanto, decálogos estéticos, fue tan sólo el aspecto que en literatura tomó la general subversión del siglo XIX. No le faltó, ciertamente, justificación. En poética como en política, los decálogos vigentes eran superficiales e injustos. Por lo menos, insuficientes. Cosas esenciales y serias andaban en ellos revueltas con trivialidades. Además, las reglas del *ancien régime* poético ostentaban un aire petulante de normas (se hablaba a menudo de los «modelos», como si el arte no consistiese, ante todo, en evitar los «modelos». El modelo es el escollo de la navegación literaria. Cuando se da en él, escritor al agua). No se trata de normas, sino de condiciones.

Así, es condición del género «Memorias» que el autor se mantenga fiel a su punto de vista, precisamente por ser «caprichoso»; es decir, subjetivo e individual. El encanto de las Memorias radica, precisamente, en que veamos la historia otra vez deshecha, en su puro material de vida menuda, no suplantada por la construcción mental. En cierto sentido, tienen que ser las memorias el reverso del tapiz histórico, con la diferencia de que en ellas el reverso presenta también un dibujo, bien que distinto del que va en el anverso. La historia es vida pública y a ésta se llega machacando innumerables vidas privadas. En las Memorias vemos descomponerse la nebulosa histórica en los infinitos e irisados asteriscos de las vidas privadas.

La marquesa de La Tour-du-Pin suele conservar su paisaje privado delante de los ojos y procura tapar con él el abstracto cuadro de la historia.

He aquí, por ejemplo, cómo describe la reunión de la Asamblea legislativa:

«El espectáculo era magnífico... Llevaba el rey el traje de los *cordons bleus,* y lo mismo los príncipes todos, con la única diferencia de que el suyo estaba más ricamente adornado que los otros y más cargado de diamantes. El pobre príncipe carecía por completo de dignidad en su talle. No se mantenía bien; andaba con andar de pavo. Sus movimientos eran bruscos y sin gracia, y sus ojos, atrozmente miopes —entonces no era uso llevar lentes—, le hacían guiñar de continuo. Su discurso, muy breve, fue pronunciado con tono bastante resuelto. La reina se hacía notar por su gran dignidad; pero se advertía en el movimiento, casi convulsivo, del abanico que estaba muy emocionada. Dirigía a menudo miradas hacia el lado de la sala donde se sentaba el Tercer Estado, y parecía buscar un rostro determinado entre aquella porción de hombres, donde tenía ya tantos enemigos.» Era que poco antes «Mirabeau había entrado solo en la sala y había ido a colocarse hacia el centro de las filas de banquetas sin respaldo, situadas unas tras otras. Un murmullo muy vago —un "susurro"—, pero general, se dejó oír. Los diputados que ya estaban sentados ante él avanzaron una fila; los de detrás retrocedieron, los de al lado se apartaron y quedó solo en medio de un vacío muy marcado. Cruzó por su semblante una sonrisa de desprecio y se sentó. La reina había sido informada probablemente de este incidente, que había de tener sobre su destino mayor influencia de lo que entonces sospechaba, y era lo que motivaba las miradas curiosas dirigidas por ella a la parte del Tercer Estado».

¿No agradecemos que en lugar de ese enorme objeto histórico llamado «Los Estados generales» se nos ofrezca un abanico convulso en mano real, una mirada ansiosa peregrinando por la sala y el enorme cuerpo de Mirabeau que, náufrago en un vacío de rencor, deja flotando sobre su inmersión la terrible sonrisa? Este es el encanto de las Memorias. La solemne sinfonía histórica que conocemos suena al fondo y da sentido, dramatismo y realce al menudo contrapunto de lo visto por el memorialista. Es una anticipación de la delicia que en el otro mundo gozaremos cuando nos sean revelados los secretos de cuanto acaeció en torno nuestro, y que nos hará exclamar una vez y otra: «¡Hombre, qué curioso! ¿De modo que «aquello» era, en realidad, «esto»?

Madame de La Tour-du-Pin, siguiendo la moda anglómana del tiempo, encarga de sus caballos a un palafrenero inglés. Este hombre no consigue aprender la lengua francesa, e, incomunicante con el contorno, vive ensimismado, atento sólo a su menester. Cuando la Revolución comienza y ve a las gentes ir y venir enloquecidas, juntarse y separarse, gritar y estremecerse, el pobre hombre cae en estupefacción. No entiende nada de lo que acontece y cada cinco minutos se acerca a su señora y, quitándose la gorra, pregunta: *Please, milady; what are they all about?* Señora, perdón; ¿qué les pasa a todos estos?[1].

---

1 [En su edición original *Espíritu de la letra* concluía con el ensayo «Oknos, el soguero», aparecido no en *El Sol* sino en la *Revista de Occidente* en 1923. No se reproduce en este lugar por hallarse incluido en el volumen *Las Atlántidas y Del Imperio Romano (y otros ensayos de Historiología)*, publicado en esta Colección.]

AL MARGEN DEL LIBRO

EL ROSTRO MARAVILLADO

La *villégiature* se lleva a los ciudadanos de las ciudades y los deja en lugares rientes donde el estío abre el arca de sus secretos. ¡Pobres habitantes de estas urbes opresoras, siniestramente mudas, que son para el alma como gigantescos «plomos» venecianos! Los misérrimos urbícolas se encuentran al llegar al campo, a un campo lejano e ingenuo, desde donde no se oye el resoplido de la ciudad, con tantas cosas nuevas... Por ejemplo: una noche estrellada; esta grande alma de una noche limpia es un descubrimiento, un hallazgo desconcertante para quien vive diez meses prisionero en Madrid. Madrid no tiene noches ni estrellas y es en las horas nocturnas círculo trágico, como los dantescos, en que han cesado casualmente los quejidos de los eternos espíritus dolientes. No se mira en ellas al cielo; se echa a andar por las calles que con las torvas luces de los faroles parecen rodearnos de odio. En la sombra de un recodo se entrevé, acaso, la disputa de una pareja. La mujer desarrapada sacude nerviosamente unos brazos largos y escuálidos, como sarmientos. El hombre calla, resignado e inmóvil; entre ellos, se supone, vibra algún drama horrible y sucio. Todas estas cosas son opacas a las sutiles influencias de la naturaleza; por eso se las llama prosaicas.

En el campo las noches tienen poder supremo, voces que halagan y estrellas engañadoras que parpadean como si hablaran con nosotros; las campiñas tiemblan de placer bajo la mano del vientecillo; las plantas se van muriendo con sus colores que se disipan y la luna se alza con suma delectación sobre ese abandono universal como un alto y plenario perdón por todo lo que está aconteciendo en la tierra.

Las vírgenes prudentes que han abandonado sus moradas seguras de la ciudad deben precaverse, no las sobrecoja el diablo del estío que corre por los campos al venir la noche y realiza mil picardías en los sótanos de las almas. Tened cuidado, porque hay emboscadas de incitaciones en el aire y llegan caricias peligrosas en cada esquila que suena, en cada hoja que se estremece.

Y como las noches, las tardes y las mañanas son temibles en las huertas y en los jardines. Recordad a Justina la Santa, en *El mágico prodigioso,* que siente una sublime quemazón interior contemplando los pámpanos retorcidos de las vides.

Todo conspira a quebrar el vidrio de serenidad en que tenemos prisionero el sentimentalismo, nosotros, hombres y mujeres ciudadanos; muchos deseos nuevos se desperezan en los corazones de las muchachas y nosotros mismos nos sorprendemos más niños y más exigentes.

He observado que yendo de la ciudad al campo se gana en sinceridad, sobre todo las mujeres.

Ellas escuchan entonces las palabras que les dicen las cosas, y por encima de los remilgos de la educación y de las costumbres urbanas van dejando aparecer las inquietudes, los ahogos, los tímidos clamores que llevan congelados en su pecho.

Si en España fuera la vida menos parduzca, menos severa y dolorosa, más sincera y ágil, en una palabra, más vida, veríamos los semblantes femeninos en estos días y noches exuberantes moverse de aquí para allá sobre los campos y las playas de veraneo con los ojos muy abiertos esparciendo sedientas miradas, con las bocas frescas hablando sensibleros enigmas, con las orejitas pidiendo oírlo todo, temblando al menor ruido como las de las corzas que hay en la Casa de Campo.

Ayer, leyendo un nuevo libro francés, he pensado que en España no se podrá hacer vida noble e intensa mientras las mujeres españolas no tengan el valor de ir por todas partes con el «rostro maravillado».

Así se titula el libro: *El rostro maravillado*. Su autora es la condesa Mathieu de Noailles. Sólo sé de ella cuatro noticias, y no es poco: que es mujer, que es joven, que es guapa y que es griega.

Actualmente las mujeres van ganando en Francia a los hombres los primeros puestos como escritores; la razón es muy sencilla. En Francia los varones tienen roído el espíritu por la decadencia: son casi todos neurasténicos, excesivamente complicados, y sus ánimos padecen una prolongada tensión dolorosa. ¿Cómo han de ser creadores? Además, el criticismo se ha apoderado de sus cerebros y va descomponiendo sus pensamientos al tiempo que nacen, y analizando sus sensaciones, y rompiendo sus placeres, y disgustándolos de sí mismos. ¿Cómo han de ser creadores?

En cambio, las mujeres, en ésta como en otras edades de decadencia, se han conservado sanas; han recogido la herencia de civilización y cultura que pesa sobre los hombres, ominosa, cruelmente, y sólo han tomado de ella una visión libérrima, helénica de la vida y los instrumentos artísticos más perfeccionados. En su cabeza, que por dentro debe de ser de nácar, o algo así, irisado, luminoso, exquisito, pero duro, por fortuna no ha podido anidar el ave oscura del criticismo ni ahincarse la termita del autoanálisis. ¿Cómo no han de ser creadoras? Sus obras no serán eternas, no se construirán en bronce o en materia *más perenne que el bronce,* pero son las únicas en que, a través de una forma modernísima, acicalada, preciosista si se quiere, se hallan voces sinceras, alguna que otra lágrima, algún que otro giro, pedazos jugosos de vida aceptados en bloque, sin discusión ni sequedades.

Así es el libro de la condesa Mathieu de Noailles; después de leerlo nos queda la impresión de que hemos bebido una copa de leche blanquísima y burbujeante. Las frases se yerguen de sobre las páginas grácilmente, con la sencillez de las visiones primitivas, como las imágenes de Homero y de la Biblia, como espigas, como palomas, como columnitas de humo, como chorros de fuente.

El espíritu de esta mujer griega debe de ser valeroso, decidido y tan hambriento de vivir que abre los brazos a la vida que llega, sin reservas, sin suspicacias, sin preguntarle si es buena o mala; se acercan a su alma las emociones, plácidas unas, otras repletas de sufrimientos, otras cargadas con fortunas de goces, y todas la encuentran agradecida, fácil y con el «rostro maravillado» de sorpresa y gratitud. «Vivid —dice—, mi bien amado: que la vida os rodee, os bañe, os acaricie, que brille en vuestra alma y sobre vuestros cabellos, que esté en derredor de vuestras manos y encima de vuestra cabeza...»

Vivir, para ella, es sentir tal lujo de su propia vida que la pone entera sobre un momento, como aquellos gloriosos perdidos, de almas bien templadas, ponían toda su hacienda a una carta.

Y ese anhelo de vivir es tan ennoblecedor que eleva a las almas que lo sienten sobre sí mismas hacia todas las cosas mejores, delicadas y augustas, como el agua se apoya sobre sí misma y saca de sí misma esfuerzo para ascender hacia el cielo en los surtidores victoriosos de los jardines. Hay dolor en el esfuerzo, supone gran tensión en el alma, pero luego sobreviene un desfallecimiento delicioso y el agua cae dispersa en gotas alegres, habiendo sonreído al sol.

El libro de que hablo va delineando en sus páginas una

figura de mujer mística a un tiempo y brava que irradia el regocijo.

Parece su corazón hecho de plata: siempre resuena jovialmente. Por el convento donde ella habita pasa octubre encorvado, con sus odres de melancolía a la espalda y haciendo que «sobre el techo la veleta se lamente como un pequeño búho». Y entonces es cuando piensa:

«Hay momentos en que tanta alegría reposa en derredor, sobre todas las cosas, que me detengo y las escucho.»

«Los armarios en el convento dicen: "Estoy lleno de ropa blanca y el tomillo y también estoy aquí para que amontonéis silencio y felicidad..."»

«Los pozos del jardín dicen: "Estoy aquí redondo y profundo para acoger felicidad..."»

«Las puertecillas que chirrían y están recién barnizadas y la blanca escalera y las ventanas color de rocío y la clemátida, piensan: "Estamos nosotros aquí para que la paz circule, vaya y venga, suba y baje...". Y parece que hasta el menor clavo de la casa rebrilla al sol y dice: "Heme aquí para colgar felicidad, felicidad..."»

¿Cuándo sentirá amargura esta mujer que arranca sonrisas de cuanto la rodea? Tal vez nunca: es invencible porque tiene el secreto de abrevar las angustias de su cuerpo en el torrente de su alma, nunca harta de existir y de soñar.

Ahora que hay tantas mujeres ciudadanas por las campiñas y por las playas; ahora que pueden algunos instantes permanecer arrebujadas en la soledad y en el silencio, deberían cultivar sus ensueños como flores de salvación, y al llegar el otoño y con el otoño el retornar, dejarlos caer sobre los rincones de sus hogares entre los pliegues de las cortinas y esparcirlos por las mesas y junto a los lechos.

Isabel de Baviera exclamaba: «Nuestras casas deben ser tales que no puedan destruir las ilusiones que de fuera llevamos a ellas.»

Sé que muchos hombres sienten un frío de desolación al entrar en sus hogares porque allí escuchan con más claridad que en otras partes el ruido torpe, mohoso, chabacano que hace la vida al girar sobre sus goznes.

Por eso ahora, mujeres, debéis cosechar los haces de anhelos en una existencia más libre, más alta, más intensa que el estío de los campos y las playas arrastrará por vuestras almas, turbándolas, como el viento riza un agua dormida. Desgranad bajo las estrellas cuentos prodigiosos, sin miedo, sin hipocresía, con decisión de conquistadores. Una tilde de imprudencia sazona la vida.

En España somos prudentes con exceso, y así tan tristemente nos va y así nos pastorea don Joseph Prudhomme. El cual, volviendo su ancha faz paniega al cielo de la noche, sólo piensa que las estrellas se parecen mucho a las condecoraciones[1].

(*El Imparcial,* 25 julio, 1904.)

---

[1] [Véase en el volumen *Estudios sobre el amor,* publicado en esta Colección, el artículo «La poesía de Ana de Noailles», de 1923.]

[TAINE, HISTORIADOR]

(A. Aulard: *Taine, historien de la Révolution française,* París, 1908)

Hace pocos días un amigo mío, catalán y aun catalanista, me escribía estas palabras: «Ya sabe usted cómo fue educada la generación de la cual salieron los que hoy gobiernan en este caos desdichado que se llama política catalana: se les ha enseñado el prólogo de la obra de Taine y... nada más.»

Pero no ha ocurrido esto en Cataluña únicamente. Toda la generación española que ahora llega a las preocupaciones intelectuales ha sido educada, mal educada, por Hipólito Taine. Los espíritus groseros que no admiten otras influencias en la marcha inquieta de las naciones que las oriundas del *Deux ex machina* económico, serán los únicos en no lamentar esa labor pedagógica ejercida tan exclusivamente por aquel sonoro espíritu. Yo la deploro sobremanera y no quiero que pase la ocasión presente sin incitar a mis amigos a una revisión de sus más hondos estratos anímicos.

Ofrece la ocasión el nuevo libro de Aulard, profesor de la Universidad de París. Es éste un libro del que basta leer cincuenta páginas; casi estoy por decir que es un libro que no hay para qué leer, aunque es necesario que esté impreso. Aulard ha ido destilando página a página los tomos de los *Orígenes de la Francia contemporánea,* y ha ido demostrando no sólo la innumerabilidad de sus errores —toda obra histórica de parecida amplitud ha de tenerlos—, sino la imposibilidad del acierto. Quisiera hablar más claro: Aulard demuestra la mala fe científica de Taine. Nadie crea que me voy a meter en la morada interior de tan recia figura literaria; el vaivén íntimo de los espíritus es imposible de determinar; la intención del individuo al realizar un acto es inasible. Desde la perspectiva interna de un alma, el acto bueno y el acto malo tienen confines tan cambiantes y relativos como el calor y el frío que cada hombre siente. Si queremos referirnos a algo preciso, concreto, capaz de ser fijado, tenemos en negocios de calor y frío que buscar una figura objetiva en que la infinita complejidad de las sensaciones calóricas individuales se solidifique como un mar helado y se torne susceptible de mensura. Esto venimos a hacer con el termómetro, y él ha de decirnos si hace calor o frío, «digan lo que quieran los individuos».

De Taine se han compuesto mil leyendas hagiográficas; cada uno de sus discípulos nos ha contado lo que siente su alma al contacto del gran viento oratorio del maestro. Y casi todos han sentido calor. Se nos ha hablado repetidamente de la austeridad de pensamiento en que este hombre ha vivido, de su laboriosidad ejemplar, de su amor lírico a la verdad.

Todo esto está muy bien y es apto para que nos lo expresen en formas bellamente literarias. Pero debe interesarnos más el termómetro que las personas. Un buen régimen higiénico para los españoles fuera moverlos a preocuparse y divertirse más con las cosas que con los hombres. Es preciso que volvamos a preferir una integral o un silogismo a un héroe.

Y acontece que la morada interior de Taine pudo ser todo lo limpia y eucarística que plazca imaginar, pero del libro de Aulard resulta que si se simboliza en mil el número de documentos sobre las épocas que estudia ofrecidos a su buena fe, Taine no ha leído más que uno, y ese, rara vez hasta el fin. Este es el termómetro que mide la moralidad científica. La simple acción cumplida por Aulard de mirar la columna de ese termómetro borra el libro de Taine de la lista en que están inscritos los libros discretos y honrados.

Varias veces, leyendo otras obras de este mismo autor, más próximas a la filosofía, había entrevisto con respetuoso horror análoga falta de precisión. Léase si no el capítulo *De la inteligencia,* donde expone las teorías de Kant sobre espacio y tiempo. La incomprensión es tal que rebasa el concepto de incomprensión. Lo propio le ocurre con Platón y con Descartes.

Aulard, que ha verificado y rectificado línea a línea la documentación de los *Orígenes* y en su libro comunica un extracto de tan penosa y necesaria solicitud, resume su juicio de este modo: «Con los errores que provienen de la negligencia, de la desatención, es preciso ser indulgente, pues, quien los corrija los ha cometido asimismo o los cometerá. Pero si los errores provienen de un mal método, si provienen de previa decisión, si provienen de pasiones políticas o filosóficas, si son en su mayoría tendenciosos, si los hay en cada página, casi en cada línea ¿no arrebatan toda autoridad a un libro de historia? Pues éste es el caso del libro de los *Orígenes de la Francia contemporánea.* Puede decirse, después de una verificación continuada, que en este libro una referencia exacta, una transcripción del texto exacta, una aserción exacta son excepción.» Y luego añade: «Amaba la gloria literaria, parece que la amaba por encima de todo. Su fin principal, tal vez sin darse de ello cuenta, era maravillar al lector, hacerse admirar del lector. Aun cuando anuncie una suerte de concepción científica de la historia, se trata en realidad de una concepción literaria que aplica con materiales cualesquiera. Su vena ingeniosa y siempre ardiente le inspira trozos brillantes, admirables, que no son, sino antítesis, sorpresas, colores, en suma, pirotecnia literaria. La verdad histórica se ve sacrificada en cada instante a las necesidades del arte.»

«Es también un hecho que a Taine le falta paciencia, no le es posible leer un documento hasta el final con tranquilidad, pasivamente. En tanto lee reacciona contra su lectura, luego deja de leer y se figura lo demás con un apresuramiento febril por escribir, por crear.»

Aulard ha restringido su afán a comprobar la inconsistencia de la erudición histórica en Taine: el libro necesita una labor paralela en que se muestre la inconsistencia de su educación filosófica. Cuando esto se haya cumplido quedará una imagen justa de lo que en verdad fue Taine: un gran ingenio y un fuerte temperamento retórico. Entonces se le podrá admirar sin que la admiración sea perniciosa.

Nada más melancólico que oír a toda hora unidos estos dos nombres: Taine y Renan. Para colmo de melancolía, no sé qué eufónica predilección ha puesto tal orden en esa pareja tan dispareja. Nietzsche solía salir de quicio cuando escuchaba a los ingenuos alemanes hablar de Goethe y Schiller. Como en este caso, conviene corregir la costumbre y mejorar el juicio vulgar.

En el cauce del siglo XX va hinchiéndose más y más el claro nombre de Renan. Su obra ha resistido todas las censuras, siendo así que trata de problemas a que ha dedicado la última época un colmo de atención y de trabajo. ¿Es esto decir que no haya que rectificar en la *Historia del pueblo de Israel* y en la de los *Orígenes del cristianismo?* Ni mucho menos; anchos miembros de ambos edificios se han venido abajo; nuevas investigaciones han hecho pasar la aguda reja del arado crítico sobre los escombros. Ambas obras históricas de Renan son dos ruinas. Pero han caído noblemente, como caen los edificios clásicos a pesar de serlo, y hoy son ruinas animadas donde podemos ir y vamos en peregrinación espiritual, seguros de traer al retorno algunos efluvios fecundos de perenne sabiduría.

Taine es hoy el último baluarte teórico de los conservadores porque fue enemigo de la «Razón» y habló de no sé qué realidad distinta de la racional, a cuyo amparo pueden llevar al cabo sus manejos los instintos reaccionarios. Renan, en cambio, sigue siendo contraseña revolucionaria y progresiva. Sus opiniones acerca del 89 pudieron vacilar y moverse ondulando a lo largo de su vida, vida movible y sugestiva de felino intelectual; pero, a la postre, venció la rectitud de su cerebro sobre los ascos de su corazón, que se había inquietado un poco en medio de la gresca de la Comuna. Mas no contento con esto, ha sabido infiltrarse, como un humor secular y prudente de sol a tierra, en las almas de los clérigos franceses. Hace poco tiempo, leyendo el libro de Dom Leclercq sobre la España cristiana, me tomó una gran risa al sorprender un párrafo de Renan intercalado, sin advertencia, entre los otros mansos del buen fraile.

También fue Renan literato y acaso dañó un poco la literatura a la integridad de su conciencia científica. ¡Pero tan poco! Con todo y con ello, Renan —aunque figura de segundo orden en la gran perspectiva de la historia de la cultura— supo injertar su ingenio en los profundos bosques sagrados, vírgenes, hoscos, difíciles, que son vivero de humanidad. Renan, si no llegó jamás a inventar una idea —no es la invención su característica—, llegó hasta el fondo del aprendizaje en el estudio de los grandes productores. No fue un filósofo original, pero se abrevó severamente en los problemas disciplinarios de la sabiduría como esos fervientes budistas que llegan hasta el río sagrado y viven algún tiempo en sus aguas dejando que la divinidad líquida macere y sature sus carnes.

No pretendo en dos párrafos cerrar con el nombre de Taine; sería necio, sería poco piadoso, y, sobre todo, sería injusto. Todos debemos a las paradojas de Taine un primer impulso al juego intelectual cuando en torno a los veinte años, cansado de jugar nuestro cuerpo, despertó al ejercicio nuestro espíritu. Además, Taine puede operar un influjo fecundo en los estudios artísticos; su idea de la historia del arte, su noción de lo bello, aun pareciéndome terriblemente falsas, llevan en aluvión un interés serio y objetivo. La crítica artística, como interpretación histórica de las obras bellas, obliga al estudio y a la síntesis de épocas pasadas del hombre, ensancha el criterio y el gusto, enriquece el horizonte del juicio y, por encima de todo, lleva a considerar la obra de arte como una realidad hondamente humana ante la cual aparecen ridículos los párrafos de una crítica subjetiva.

¡Bien podía haber influido más en nosotros el Taine de la Estética y menos el Taine de la Política! Pero ha ocurrido todo lo contrario y los conservadores abusarán largo tiempo aún de tal autoridad para echarnos en cara nuestro racionalismo —¡como si fuera una peste!— a los que no estamos conformes con la realidad actual y evocamos otra más discreta y más justa.

(*El Imparcial*, 11 mayo, 1908.)

UN LIBRO SOBRE LA FILOSOFIA DEL DERECHO

(Rivera Pastor: *Lógica de la libertad*)

Desde los estudios de don Francisco Giner de los Ríos acaso no ha aparecido en España una obra tan honda y sugestiva sobre filosofía del Derecho como la que ahora saca a luz el señor Rivera Pastor con el título de *Lógica de la Libertad.*

Se trata de un ensayo muy denso en la ejecución, pero amplísimo en la proyección, para sistematizar los conceptos cardinales de todo Derecho, inclusive el penal y el político. El señor Rivera Pastor ataca en giro agudo y profundo las cuestiones más gravemente filosóficas del problema. Pocas veces un jurista se hallará dotado de más sólida preparación en filosofía.

Por ello, es un libro éste que va dirigido a muy pocos, dada la infrecuencia de las aficiones filosóficas en nuestro país.

El pensamiento del señor Rivera Pastor avanza desde un fondo clásico de ideología kantiana, más estrictamente dicho, neokantiana. Sin embargo, la ambición principal del libro consiste en una reforma de la filosofía del Derecho que Kant derivó de su sistema. El señor Rivera se hace eco de la justa censura hecha a Kant, desde su propio tiempo, por el formalismo vacío de su filosofía práctica. Stammler y Cohen, cada cual según su humor, han intentado vanamente henchir de materia esas formas vacías que son en Kant lo bueno y lo justo. En la *Lógica de la libertad* se aspira a lo mismo, pero con un mayor radicalismo y más decidido ánimo.

No es posible en este lugar desenvolver la trayectoria que el propósito del señor Rivera sigue. Ya es en extremo condensada la exposición de su libro, hasta el punto que sólo quien sea un técnico en la materia puede apreciar los matices de ella. Con dos palabras sólo podría yo indicar ahora que el autor encuentra el origen del formalismo kantiano en que el gran maestro regiomontano no siguió en filosofía práctica la misma arquitectura de su filosofía teorética. En el conocimiento científico distingue Kant entre el pensar puro, que no es, sino forma, y la intuición, en que las cosas nos son dadas, como un material que ha de moldearse en aquellas formas. Pero en el conocimiento moral pretende Kant que hallemos los principios rectores de la voluntad mediante el puro pensar, sin intuición ninguna. El señor Rivera se declara muy contra esta resolución y exige para la Moral y el Derecho una intuición propia.

¿Es esta idea acertada? ¿No existe un grave *quid pro quo* en la interpretación que el señor Rivera se ha formado de la ética kantiana y aun del papel que la intuición representa en su filosofía teorética? En otro sitio más adecuado me propongo hablar de ello. Aquí sólo puede ir mi aplauso por la riqueza de motivos ideológicos y el acierto en no pocos detalles de esa rara obra española.

Sobre algún punto, sin embargo, me permito, desde luego, llamar la atención del autor. El título del libro me parece poco afortunado. Una lógica de la libertad es una cosa tan imposible como una matemática del amor o una ética de los poliedros. Los motivos que han incitado al señor Rivera para titular así su libro debían muy especialmente haberle apartado de ello. Si desea enseñarnos con peculiar acentuación que existen categorías específicas para la Moral y el Derecho; que, por tanto, no se trata de una mera aplicación de las categorías fisicomatemáticas a los fenómenos de la voluntad, razón de más para no hablarnos de una lógica de la libertad. Desde su punto de vista, muy remoto, por cierto, del mío, sólo cabe hablar de una «filosofía práctica», bajo la cual vayan una ética y una filosofía del Derecho o teoría jurídica.

Otro punto que me interesa subrayar es el excesivo rango que, tanto en este libro como en casi todo lo que hoy se oye en España sobre la filosofía del Derecho, ocupa Stammler. Su obra es, sin duda, magistral y venerable. Pero su dirección y la manera fundamental de acercarse a los problemas pertenecen a un pretérito irredimible. No vacilemos en decirlo. El neokantismo fue la doctrina donde nos hemos educado para la filosofía; guardemos gratitud a nuestros maestros. Pero el neokantismo no es la ciencia actual, ni mucho menos la futura. El más vivo interés del libro que el señor Rivera publica yace precisamente en su intento de superar el neokantismo.

En fin, una advertencia sobre un *lapsus* que hallo. El señor Rivera hace un paralelo entre los principios de la justicia y los de la mecánica. La utilidad de ese emparejamiento me parece muy dudosa; pero sólo a distracción cabe atribuir que el autor ponga en el mismo plano la ley de acción y reacción, la cual es, en efecto, un principio de mecánica racional, y la gravitación universal, que no es un principio ni una ley racional, sino una hipótesis empírica, una ley inductiva de Física, y, por tanto, una verdad aproximativa. En tiempo de Kant no se veía clara esta diferencia; pero hoy nadie la ve oscura.

(*El Sol*, 10 febrero, 1918.)

ESTAFETA ROMANTICA

UN POETA INDO

I

Señora, el nombre de Zenobia Camprubí suena a nombre de un hada que nos parece haber visto en el cuento mejor. En uno de sus vuelos casi irreales este hada, que tiene los ojos azules y una nube rubia sobre las sienes, cayó en la red de un poeta. Porque los poetas son furtivos cazadores de hadas: tienden en las afueras de la realidad redes de cristalinos hilos, que tejen para ellas unas arañas sentimentales. Todo lo grávido, todo lo material, todo lo filisteo atraviesa las ilusorias retículas sin romperlas ni mancharlas. ¡Sin enterarse de ellas! Sólo las hadas quedan prendidas. Así este hada Zenobia es hoy un hada bien maridada al egregio poeta Juan Ramón Jiménez. En lírico homenaje, como Titania y Oberón por la selva, atraviesan nuestra árida existencia nacional, fabricando inverosimilitud. Jiménez tañe sus propios versos, y ambos juntos traducen poetas lejanos, esto es, se dedican a hacer en España el contrabando de la poesía. Pues no otra cosa que contrabando es introducir en nuestro país mentefacturas poéticas, si se advierte que los españoles solemos adoptar ante el lirismo una actitud de carabineros.

Ahora nos ofrecen la obra del poeta indo Rabindranath Tagore. Primero tradujeron *La luna nueva* y *El jardinero*. Luego han seguido, con breve intervalo, *El cartero del Rey, Pájaros perdidos* y *La cosecha.*

¿Qué podré decir a usted, señora, de este poeta bengalí? Nada define mejor a un hombre como las cosas que él necesita para la obra de su vida. Recordemos cuando, de niños, llegaba el artesano a nuestra casa. El alma se nos subía toda a los ojos para mirar lo que aquel hombre sacaba de su espuerta o de su faltriquera. Según los instrumentos que manejaba, sabíamos quién era. Era el Carpintero o el Lañador o el Vidriero. Había sobre todo uno que nos parecía un ser poderoso y envidiable; trabajaba acurrucado, en silencio, y de cuando en cuando encendía una linternita de la cual salía al punto un sonoro vendaval con una frenética lengua de fuego que, lamiendo los metales, se los comía. Era el Fontanero, que traía de su casa viento y fuego, prisioneros en su linternita.

Pues algo parejo acontece con los poetas. ¿Con qué material hace un poeta sus versos? ¿Cuál es su ajuar lírico? Piense usted en Zorrilla. ¿Qué hubiera sido de Zorrilla sin catedrales, sin castillos, sin callejas, sin dagas, sin chambergos, sin tocas, sin huríes, sin albornoces?

Rabindranath, en cambio, no necesita nada histórico y suntuario, nada peculiar de un tiempo y de un pueblo. Con un poco de sol, de cielo y de nube, de hontanar y de sed, de tormenta y de ribera, con el quicio de una puerta o el marco de una ventana donde asomarse, sobre todo con un poco de amoroso incendio y de fiebre hacia Dios, elabora sus canciones. Esta lírica se compone, pues, de cosas universales que dondequiera hay, dondequiera ha habido, y hacen de ella un pájaro pronto a cantar desde toda rama.

Oiga usted, por ejemplo, esta voz que en un aire

inquieto y juvenil de primavera llega hasta nosotros, anónima:

«Como corre la gacela, loca de su propio perfume, por la sombra del bosque, así en esta noche del corazón de mayo, caliente de la brisa del Sur, corro yo loco. He perdido mi camino y yerro al azar. Y quiero lo que no tengo y tengo lo que no quiero.

»La imagen de mi propio deseo se sale de mi corazón, y, danzando ante mí, centellea una vez y otra, súbita. La quiero coger y se me va; y va lejos, me llama otra vez desde el atajo... Y quiero lo que no tengo y tengo lo que no quiero.»

Intente usted, señora, localizar esta voz. ¿Desde dónde suena? ¿Viene de Oriente o de Occidente? ¿De cerca o de lejos? No sabemos, no sabemos; más bien parece que a la par viene de toda la línea redonda que hace el horizonte vital, porque no hay punto de él donde no se levante, como el espectro de un chopo, la inquietud de un deseo insatisfecho. Es más, señora; si toma usted la postura que tan bien le va e inclinando su oído hacia su propio corazón, se dispone a escuchar, ¿no oye usted salir de allí la misma voz en blando rumor ascendente? ¿Dice usted que sí...? ¡Ah, señora, no tema usted! Yo guardaré este exquisito secreto que he sorprendido y no diré nunca a nadie que lleva usted un poeta indo dentro de su corazón.

¿Se resiste usted a confesarlo? Pues oiga otra voz que ahora suena:

«Desperté con los primeros pájaros y ya mi lámpara moría. Y me fui a la ventana abierta y me senté con una guirnalda fresca en mis cabellos sueltos... Por el camino venía él en la niebla rosada de la mañana. Traía al cuello una cadena de perlas y el sol le daba en la frente. Y se paró en mi puerta y me dijo ansioso: "¿Dónde está ella, di?"

»Me dio vergüenza de decirle: "Ella soy yo, hermoso caminante, ella soy yo."

»Anochecía y aún no habían encendido... Yo me recogía el

pelo con desgana. El llegaba en su carroza, toda incendiada de rojo por el sol poniente. Traía el traje lleno de polvo. La espuma hervía en la boca anhelante de sus caballos... Descendió ante mi puerta y me dijo con voz cascada: "¿Dónde está ella, di?"

»Me dio vergüenza de decirle: "Ella soy yo, caminante fatigado, ella soy yo."

»Esta noche de abril la lámpara arde en mi alcoba, que la brisa del Sur colma suave. El loro charlatán duerme en su jaula. Mi vestido es azul como el cuello de un pavo real, y verde mi manto como la hierba nueva. Sentada en el suelo, junto a la ventana, miro la calle desierta... Y pasa la noche oscura y no me canso de cantar: "Ella soy yo, caminante sin esperanza, ella soy yo".»

Fuera inútil, señora, que se obstinase usted en no confesar su secreto: el secreto de esta voz es un secreto a voces. ¿Por qué intentar ocultarlo? ¿Cree usted que el pasado de nuestros amores y nuestros odios, de nuestros anhelos y nuestros hastíos no deja su huella acusadora en nosotros? No hay gesto ni mirada, señora, que no reproduzca la historia entera de nuestro corazón. Sin quererlo, al movernos ante el prójimo le referimos nuestras memorias. Y el ademán con que pretendemos encubrir algo íntimo es el grito más claro en que lo revelamos. Así yo sé que usted ha estado una tarde esperando en su balcón que alguien pasase, alguien que no iba en busca de usted. Y sé que sus ojos han querido decirle: «¡Pero, hombre, si no es aquélla, si la verdadera soy yo!»

Del mismo modo sabemos que en otra ocasión se dijo usted, poco más o menos:

«Cuando voy sola por la noche a mi cita de amor, los pájaros no cantan, el viento no se mueve, las casas de la calle están, a un lado y a otro, silenciosas...

»Y mis ajorcas tintinean a cada paso mío.

»¡Y me da una vergüenza!...

»Cuando sentada en el balcón, espero, sin aliento, sus pasos, las hojas están mudas en los árboles, el agua está quieta en el río como la espada en las rodillas de un centinela dormido...

»Y mi corazón palpita loco.

»¡Y no sé cómo callarlo!...

»Cuando viene mi amor y se sienta a mi lado, cuando tiembla mi cuerpo y se me cierran los ojos, la noche se oscurece, apaga el viento mi lámpara, las nubes velan las estrellas.

»Y la joya de mi pecho brilla.

»¡Y no sé cómo apagarla!...»

¿Verdad que una vez se dijo usted eso? Claro es que usted no ha llevado nunca ajorcas; en realidad, llevaba usted aquella noche una crucecita de rubíes pendiente de una cadena de oro. Discreto, el poeta trata de despistarnos con las ajorcas, a fin de que no atribuyamos nominalmente a usted esos pensamientos de tan dulce y cálida intimidad.

Es inútil que nos defendamos. Rabindranath vive lejos, muy lejos de nosotros, en la región sagrada y milenaria que bañan el Ganges y el Brahmaputra. Ha habitado largo tiempo bajo el Himalaya, en medio de una selva ungida de silencio dentro del cual se vierte a ciertas horas la voz del *gong* llamando a la plegaria en la pagoda. Pero este indio, que tiene un perfil de Cristo ario y una mirada febril entre sus párpados, ha pasado por innumerables avatares o reencarnaciones: ha sido sucesivamente todas las cosas. Como el Buda ha sido liebre y ha sido lobo, ha sido muchacha y ha sido guerrero, sacerdote y juglar. De una en otra existencia ha ido acumulando ese íntimo fermentar secreto de cada vida y a través de cuerpos sin cuento se ha filtrado su alma, como la gota por las capas de roca, perdiendo materia y ganando en esencia sutil. Esta esencia sutil de una vida innumerable nos llega hoy, líricamente modulada, en el dulce trémolo de su poesía. Si ha sido un poco cada uno de nosotros, ¿cómo extrañar que en estos versos sorprendamos la revelación de nuestros propios arcanos?

Y siempre que tropecemos con un gran poeta, señora,

sucederá lo mismo. Yo diría que el síntoma de un gran poeta es contarnos algo que nadie nos había antes contado, pero que no es nuevo para nosotros. Tal es la misteriosa paradoja que yace en el fondo de toda emoción literaria. Notamos que súbitamente se nos descubre y revela algo, y, a la par, lo revelado y descubierto nos parece lo más sabido y viejo del mundo. Con perfecta ingenuidad exclamamos: ¡Qué verdad es esto, sólo que yo no me había fijado! Diríase que llevamos dentro, inadvertida, toda futura poesía y que el poeta, al llegar, no hace más que subrayarnos, destacar a nuestros ojos lo que ya poseíamos. Ello es que el descubrimiento lírico tiene para nosotros un sabor de reminiscencia, de cosa que supimos y habíamos olvidado.

Todo gran poeta, señora, nos plagia.

(*El Sol,* 27 enero, 1918.)

II

¿Conoce usted, señora, la historia de Amal? Es la historia más sencilla del mundo; pero cuando la hemos oído parece que el corazón se nos escapa del pecho, como un pájaro asustado por una vaga sombra. Amal, señora, es un niño huérfano, un niño que está enfermo. El médico no le deja salir a la calle ni corretear por el campo. Por eso Amal asoma su cuerpo a la ventana y asoma su alma a sus ojos: quiere ver las cosas del mundo, del pequeño mundo que se pinta dentro del marco de su ventana. Y todo lo que Amal ve, Amal quiere serlo. Quiere ser el vendedor de quesitos que pasa cantando; quiere ser el guarda que marca la hora en el *gong* municipal; quiere ser la niña vendedora de flores. El almita clara de Amal, señora, es como el vilano de los campos que se va con todos los aires. Por ejemplo: él quisiera ir volando del otro lado de la montaña que se alza en la lejanía. Su tío le dice: «¡Eres tonto! ¿Tú crees que no hay más que ir y subirse a la punta de la montaña? ¿No comprendes que si esa montaña está ahí de pie, como está, está para algo? Si pudiéramos ir más allá, ¿para qué amontonar tanta piedra?» Pero Amal replica: «¿Tú crees, tío, que la han hecho para que nadie pase? Pues a mí me parece que es que, como la tierra no puede hablar, levanta la mano hasta el cielo y nos llama; y los que viven lejos y están sentaditos siempre en su ventana la ven llamar...»

Del otro lado del camino hay una casa nueva que tiene una bandera flotando siempre en lo alto. «¿Qué casa es esa?», pregunta Amal. «Es el correo», le responden. «Y ¿de quién es?» «Del Rey.» «Y entonces, ¿vienen aquí cartas del Rey?» «¡Claro está! El día menos pensado viene una carta para ti.»

Y Amal, que se va muriendo, sigue asomado a la ventana y habla con todo el que pasa... Pero la idea de que el Rey escribe cartas es demasiado bonita para que no arrebate en su imaginario torbellino el alma sin peso de Amal. Amal espera una carta del Rey.

Al día siguiente el niño no puede ya asomarse. Yace vencido en su camita. La vida se le ha ido casi entera; sólo un rayo le queda, un menudo rayo tembloroso, hecho con una absurda esperanza: ¡la carta del Rey, la carta que el Rey le va a escribir! Y recogido sobre sí mismo, Amal espía los rumores que llegan, por si alguno de ellos es el del cartero.

Y Amal agoniza; los ojos se le nublan: le parece bañarse en una dulce y tibia oscuridad. Pero llaman a la puerta. ¿Quién es? Es... el heraldo del Rey, el propio heraldo del Rey que anuncia la llegada del Soberano. Y con el heraldo llega el médico de Palacio que el Rey envía para curar al enfermito. ¿Y Amal? ¿Qué se ha hecho de Amal? El alma de Amal se había ido ya, volando del otro lado de la montaña.

Esta es la historia que Rabindranath Tagore nos cuenta en su poema dramático *El cartero del Rey*.

Adivino, señora, cuál es la actitud en que el final de

esta historia la ha sorprendido. Varias veces le he dicho que tiene usted el genio de las actitudes. Cuando en aquellos crepúsculos inolvidables reunía a sus amigos en torno al té y al *cake* observé a menudo que nuestra conversación variaba siempre que usted cambiaba de postura. Parecía como si la postura de usted fuese el tema de la conversación, y lo que nosotros decíamos, no más que el comentario fervoroso a la línea que hacía su cuerpo en la penumbra. No le extrañe, pues, que la imagine tendido el cuello, el codo en la rodilla, la mano en el mentón y la yema del índice hundiendo su mejilla. La mirada se le ha ido tan lejos que parece dar la vuelta al mundo y acabar mirando lo que hay detrás de sus propias pupilas. ¿Melancolía...? Claro está, señora. Recuerde usted que, según Blanca de Navarra, la melancolía es lo propio de toda alma bien nacida.

El caso es que todos hemos esperado una carta de un Rey. Es más: si por *yo* entendemos no esa personalidad externa, periférica, convencional que se ocupa en los negocios, en la política, en la lucha social; si por *yo* entendemos el núcleo profundo e íntimo de nuestro ser, bien podemos decir que no hemos hecho en la vida otra cosa que esperar esa carta inverosímil. Lo demás que hemos hecho ha sido faena impuesta por el medio. No éramos nosotros en ella los protagonistas; eran los demás —las cosas, los otros hombres— quienes operaban en nuestra vida. De cuando en cuando, en horas de ocio o de extrema congoja veíamos con superlativa sorpresa que de lo más hondo de nuestra persona salía nuestro verdadero *yo* y que este *yo* era un niño, un niño incorregible, un pequeño cazador de mariposas, voluntarioso e indomesticable, que siempre esperaba lo absurdo. Y a la vez sentimos, señora, que sólo lo que este niño interior desea lograría satisfacernos por completo.

Esto no es una manera de decir, sino una verdad literal. Lo que ocurre es que nos da vergüenza hablar de ello. Porque el hablar es una de nuestras actividades sociales, de aquellas que nos sirven para fingir ante los ojos del prójimo hostil una fisonomía ventajosa. Por esta razón callamos todos esas pueriles esperanzas de mágicos acontecimientos que, sin embargo, son el último resorte de nuestra existencia. Somos poco leales con nosotros mismos y gravemente ingratos con nuestro niño interior. Él es, él es quien empuja nuestros días, llenos de desazón y de insuficiencia, con el aliento caliente de sus fantásticas esperanzas. Sin él, señora, diez veces en la jornada nos tumbaríamos vencidos al borde del camino, como el can reventado. Pero nuestro Amal íntimo espera siempre su carta del Rey.

Todos los grandes espíritus han sabido escuchar, por debajo de los ruidos exteriores de la vida, la alegría y el llanto del niño que llevamos dentro. Cuando en el *Fedón* se dispone Sócrates a morir, lo presenta Platón demostrando lógicamente a sus discípulos que no debemos temer a la muerte. Pero Kebes replica sonriendo: «Está muy bien cuanto dices, Sócrates; mas yo quisiera que nos convencieses de otra manera, pues, aunque nosotros no temamos a la muerte, acaso un niño dentro de nosotros se asusta de ella. Y a éste, a éste es a quien tienes que convencer para que no se amedrente de la muerte como de un fantasma errante.»

Señora, ¡qué libro más bello se podría escribir sobre el niño en nosotros! Sólo vivimos verdaderamente las horas que él logra vivir. Somos personas formales en los días vulgares de nuestra existencia; pero en las cimas de la vida, en el sumo dolor o la dicha máxima, el niño en nosotros reaparece.

Como usted ve, amiga mía, en *El cartero del Rey* el héroe dramático es un anhelo incorpóreo, esa extraña potencia del espíritu que nos hace fluir hacia lo que aún no es. Rabindranath se complace subrayando una vez y otra ese dinamismo espiritual que, a la postre, constituye nuestra realidad decisiva. Es el poeta de las cosas que ya van a llegar o que acaban de irse —la flecha que, ya en el aire, estremecida, se anuncia a su blanco con un rumor de abeja, o la que ya partió y nos deja una estela de vacío en la atmósfera, donde, como una hoja seca, se precipita nuestro corazón. Y así pasamos la vida, señora: esperando o añorando. En tanto que la mitad del alma se ocupa de lo que fue, la otra mitad se preocupa de lo que va a ser. Diríase que lo real y presente sólo sirve para que de él brinquemos al irreal pasado y al irreal porvenir. Canta Rabindranath:

«¡Mi casa no es ya casa para mí! ¡No puedo más! ¡Me voy, que el Desconocido eterno me llama desde el camino!

»¡Cómo me duele su pisada, resonando en mi pecho!

»—¡Y el viento se levanta y se lamenta el mar!

»¡Quédense ahí mis dudas, mis cuidados! ¡Yo me voy con la marea sin hogar, porque el Desconocido me llama, yéndose ya por el camino!»

Otras veces es el amante o la amada que acaban de irse (véase el número 55 de *El jardinero*) y es el afán del recuerdo que, prendido al que se aleja, dilata nuestro pecho.

No hay, sino anhelos, señora; lo demás no existe, por lo menos no existe vitalmente. La realidad de que habla la ciencia es no más que en una realidad pensada. Realidad viva únicamente la tienen los objetos cuando en ellos se prende nuestro deseo o nuestra nostalgia. A veces me parece el universo una azulada tiniebla uniforme, surcada tan sólo por nuestros mudos ardores, que se levantan como silenciosos cohetes de oro.

Los indios han sabido esto mejor que nadie, y por eso, Buda hace de la sed la sustancia del mundo. «La sed, la sed, el deseo nos hace vivir y revivir: sed de placer, sed de vivir y sed de morir.»

Somos, señora, una pintoresca caravana que bajo la férvida turquesa del cielo ecuatorial cruza el tórrido desierto; nos hacemos la ilusión de que somos mercaderes, pero yo aseguro a usted, señora, que nos puso en movimiento tan sólo el puro afán de sentir sed.

Tener las cosas no nos importa; nos importa aspirar a

ellas o echarlas de menos cuando ya se han ido, ¿no es cierto? Por esta razón pienso que, en el fondo, tenemos todos los hombres una biografía idéntica. Cuanto de nosotros se cuenta es embuste y leyenda. Si usted me dejase, señora, yo escribiría la verdadera historia de su corazón con estas cuatro palabras: *Ni ya, ni todavía.*

(*El Sol,* 3 febrero, 1918.)

III

¿Ha recibido usted, señora, los volúmenes de Rabindranath Tagore que le he enviado? Deseaba que llegasen cerca de sus nervios juntos con la primavera, a fin de ver qué es lo que pasaba. Perdóneme usted este gesto de hombre de laboratorio que ha preparado un experimento. La tentación es irresistible: su corazón me ha parecido siempre un prodigioso órgano de espiritualidad, un aparato registrador de emociones, el más perfecto que conozco. ¿No es natural que tratase de someterlo al influjo concurrente de lirismo y primavera?

Me interesa en alto grado conocer la impresión que este poeta indo deja en las mejores almas europeas. Tiene, en efecto, para mí esta poesía el valor de un experimento, porque Rabindranath, abandonando toda la *mise en scène* del arte oriental, que suele estorbar nuestra aproximación, conserva intacto su asiatismo. Ahora bien: los europeos necesitamos, si no queremos petrificarnos, confrontar nuestras actitudes esenciales con las de otras porciones planetarias. Durante muchos siglos hemos vivido sin culturas rivales de la nuestra y, nutriéndonos de nuestro propio fondo, hemos llegado a creer que fuera de nosotros nada tiene sentido. Pero he aquí que el Asia, durmiente secular, se incorpora, y del otro lado emerge, con una fisonomía nueva, la vida americana. Otras maneras de entender la existencia, distintas de la europea, vuelven a alzarse en el horizonte, disputándose nuestra adhesión. Torna a haber rivalidad en el mundo, y ya sabe usted que, en mi entender, todas las obras delicadas que el hombre ha realizado se deben a la emulación.

Oyendo el dulce caramillo del poeta bengalí nos sentimos derivar por una corriente que fluyese hacia atrás, hacia su propio manantial. Los europeos de los últimos siglos estábamos alistados bajo la bandera del *progreso,* que quiere decir multiplicidad y apresuramiento. En oposición al *prestissimo* de nuestra vida occidental, es Rabindranath un corazón donde la vida pulsa en un *adagio cantabile.* Asia no tiene prisa; vive en un *tempo* más cósmico que humano. Apenas comenzamos la lectura de este poeta, el corazón se nos pone al paso, al paso lento con que van por el zodíaco las bestias siderales; al paso germinal con que la semilla asciende so la gleba; al paso con que se hincha y se refleja en las mareas el pecho curvo del mar. Recuerde usted que los dioses de Asia, los *devas,* toman aliento una vez cada cien años y respiran sólo cada cien horas.

Si ha visto usted algún retrato de Rabindranath, habrá notado esta emanación de calma que se desprende de su fisonomía. Relatando las conferencias que dio en Inglaterra, dice un biógrafo que «parecía tener el poder de convertir un aposento ordinario, una casa de Londres, un aula académica, una reunión popular, en vehículo de su serenidad india». Verdaderamente que nos da vergüenza acercar a este alma, quieta y transparente como un remanso de fines de abril, las nuestras, agitadas y turbias. Las más agudas sospechas nacen como resultado de esta comparación: ¿no será un descarriamiento el rumbo integral de la cultura europea? Porque la calma del indo proviene de que ha puesto bien en claro la relación de su persona con los problemas últimos.

«Es mi delicia aguardar espiando en la linde del camino, donde la sombra persigue a la luz y la lluvia avanza sobre las huellas del estío.

»Mensajeros, con nuevas de otros cielos, me saludan y se apresuran a lo largo del camino.

»Mi corazón exulta dentro de mí y es dulce el aliento de la brisa que pasa.

»Del alba al crepúsculo, permanezco ante mi puerta. Sé que de pronto llegará el momento venturoso en que podré ver.

»Y entre tanto sonrío y canto, en plena soledad.

»Y entre tanto el aire se satura con el perfume de la promesa.»

¿No es éste, señora, el supremo acierto: lograr que la vida se nos presente como un árbol cuajado de promesas maduras? ¿Qué importa si no se cumplen? Lo decisivo es que la promesa de mañana dé brío a nuestras horas de hoy. ¡Creer que va a acontecer, que puede acaecer algo inmenso en torno nuestro..., he ahí la emoción que yo deseo más para los que amo más! Lo horrible es que nada en derredor nos envíe alusiones a un fermentar secreto y romántico que acaso hierve bajo la corteza visible del mundo. Si las cosas no son más que lo que son, no ofrecerán pretexto para que funcione nuestra víscera cordial. Nuestra pupila se detendrá sobre ellas, pero no se dispararán nuestros afanes. Para esto hace falta que las cosas irradien más allá de lo que cada una es en realidad cierto halo imaginario y como luminosa palpitación; que aparezcan en nuestro paisaje rodeadas de aureola, al modo que el arcángel Gabriel, y, como él, sean mensajeras de anunciaciones. ¿Quiere usted un ejemplo claro de esto que vagamente digo? El semblante de una mujer hermosa. ¿No lo vemos ahí, ante nosotros? ¿No nos entregan nuestros ojos entera su realidad? Y, sin embargo, la visión del rostro bello, lejos de satisfacernos, es el incitador de nuestro deseo. Porque la belleza —decía Stendhal— es una promesa de felicidad, y lo que tiene de bello no es lo que tiene de real, sino lo que tiene de promesa.

Los acontecimientos que los hombres solemos llamar grandes, como una gran tormenta o una gran batalla, embotan nuestra sensibilidad por su misma violencia.

Cuando acaecen los percibimos según son y sólo lo que ellos son percibimos. En cambio, a lo mejor, tendidos en la umbría, una hoja vaga que se desprende de la fronda nos roza la sien y produce en nosotros un misterioso estremecimiento en que nos parece barruntar un suceso inmenso que en aquel instante está ocurriendo, tan grande y universal que no tiene límites, que no tiene forma, que no puede ser definido ni nombrado y del que la hoja caediza es sólo un humilde nuncio o infinitesimal síntoma. ¡Cuán otro tono y tensión serán los de nuestra vida si acertásemos a creer que hay en todo objeto el símbolo y anuncio de un inmenso bien o de un inmenso mal! Al menos, usted y yo sólo estimamos hondamente a los que creen esto y van por el mundo con el alma de cristal pronta a quebrarse bajo el golpe de un grano de arena. Para ellos, como para Novalis, es la naturaleza una varita mágica... petrificada.

A veces, esa sensibilidad trascendente se convierte en una constante espera y cada minuto pasa ante nosotros, con el índice en los labios, en ademán de inminencia. «He cantado muchos cantos en muchos modos —escribe Tagore—; pero todas sus notas siempre claman: Ya viene, ya viene para siempre.»

—Pero, ¿quién viene, diablo? —preguntará usted, enemiga de lo impreciso, impaciente y nada asiática.

—Señora, Dios —respondo obediente.

He querido ocultarlo hasta el fin, por temor a que le cause alguna desilusión. Rabindranath es un poeta místico. Tuvo en su mocedad amores terrenos, que cantó en *El jardinero;* pero el resto de su obra, espléndido edificio lírico, no tiene, señora, más inquilino que Dios. Pero es el Dios de la India; un Dios benévolo que viaja en su carro de oro entre el polvo de los caminos aldeanos; un Dios sonriente que «sobre el ancho mundo hace danzar muerte y vida gemelas»; un «maestro-poeta» que ha hecho de la vida de Tagore «una cosa simple y recta, parecida a una flauta de caña que él sabe llenar de música». Escuche usted esta melodía, que tiene un sabor pánico, casi griego:

«Oye, corazón mío, la flauta de mi Amigo, que en ella está la música del olor de las flores del campo, de las hojas relucientes, del agua relampagueadora, de los parajes en sombra donde zumban las abejas.

»Su flauta le roba la sonrisa de sus labios y la echa sobre mi vida.»

Rabindranath, señora, es un David manso. (¡Ah! ¡Nuestro David! Aquel era mejor, porque poseía un ímpetu multiforme: destruía ciudades y danzaba ante el arca. Zagal y hondero, capitán, poeta y bailarín, adúltero y profeta. ¡Lo fue todo aquel hombre! Su hijo Salomón, en cambio, es un decadente y tiene la pedantería de los herederos. Casi lo imaginamos como una mezcla de los más ingratos extremos, fumando cigarrillos turcos y con gesto de profesor. Con la reina de Saba no hizo sino discutir sobre temas de economía política, y su famoso palacio debió ser la insoportable síntesis de una academia y un hotel Ritz.)

Con tanta interrupción, amiga mía, tengo que concluir esta carta sin haber comenzado a hablar de nuestro poeta indo. Pero lo importante es que usted lo lea, no que yo lo defina.

(*El Sol,* 31 marzo, 1918.)

[LA INTIMIDAD PSIQUICA]

(S. Freud: *Obras completas*)[1]

La Biblioteca Nueva se propone publicar, vertidas al castellano, las obras completas del gran psiquiatra vienés Sigmund Freud. La empresa me parece sobre manera acertada y contribuirá enérgicamente a atraer la atención de un público amplio sobre los asuntos psicológicos. Han sido, en efecto, las ideas de Freud la creación más original y sugestiva que en los últimos veinte años ha cruzado el horizonte de la Psiquiatría. Su aparición motivó ardientes y dilatadas polémicas. En torno a Freud se fue formando un tropel cuantioso de discípulos y fieles, que propagaron por todo el mundo la nueva fe, fundaron revistas, anuarios y bibliotecas. La claridad, no exenta de elegancia con que Freud expone su pensamiento, proporciona a su obra un círculo de expansión indefinido. Todo el mundo —no sólo el médico o el psicólogo— puede entender a Freud y, cuando no convencerse, recibir de sus libros fecundas sugestiones.

Como en el orden de la funcionalidad corporal o

[1] [Prólogo al tomo I, Madrid, 1922. La traducción se realizó por iniciativa del propio Ortega.]

fisiológica casi todos los grandes progresos durante el siglo XIX han sido debidos a los médicos, esto es, a la necesidad inaplazable de curar al enfermo, así estas teorías psicológicas se han originado en la urgencia clínica del psiquiatra. Los laboratorios aportaban escasísimos recursos al médico para actuar sobre las enfermedades propiamente mentales, a las que no se ha logrado descubrir una base de perturbación somática. Muy cuidadosa la investigación de la exactitud en los métodos que empleaba, prefería ser fiel a ellos, que ensayar audazmente procedimientos empíricamente eficaces. Así quedaba demorado todo avance clínico hasta las calendas griegas.

Freud tuvo la osadía de querer curar, cualquiera que fuese la castidad lógica de los procedimientos. Para ello se resolvió a tomar en serio el carácter de «mentales» y no somáticos, que se atribuye a ciertos trastornos. Pensó que, en verdad, la psique, como tal, podía hallarse valetudinaria, sufrir heridas psíquicas, padecer como hernias espirituales, a que sólo podía aplicarse una cirugía psicológica. De aquí nació la Psicoanálisis, terapéutica de sesgo extraño y dramático, que en tomos sucesivos hallará expuesta el lector.

De tal propósito surgió para Freud la necesidad de elaborar todo un sistema psicológico, construido con observaciones auténticas y arriesgadas hipótesis. No hay duda de que algunas de estas invenciones —como la «represión»— quedarán afincadas en la ciencia. Otras parecen un poco excesivas y, sobre todo, un bastante caprichosas. Pero todas son de sin par agudeza y originalidad.

Lo más problemático en la obra de Freud es, a la vez, lo más provechoso. Me refiero a la atención central que dedica a los fenómenos de la sexualidad. Para Freud, neurosis y psicosis son perturbaciones engendradas por conflictos sexuales de la infancia. Freud amplía notablemente el concepto de la sexualidad que suele llamar «libido», pero aun así, ¿no deja su obra siempre la inquietud de que se nos invita a aceptar una hipótesis desmesurada? Sin embargo, cualquiera que sea la medida dentro de la cual este sexualismo psiquiátrico de Freud puede considerarse verídico, ha servido para que, al cabo, entre la ciencia a ocuparse seriamente del erotismo, tradicionalmente cerrado a la investigación. Lo que hasta ahora podría decirse de la *libido* era tan poco, que contrastaba absurdamente con la innegable importancia de esta función biológica dentro de la vida psíquica.

La necesidad de descubrir los escondrijos del «alma» donde vienen a ocultarse esos tumores afectivos, generadores, según Freud, de las enfermedades mentales, le llevó a penetrar en el territorio de los sueños. Su libro sobre la vida de los sueños es una de las producciones más interesantes del pensamiento contemporáneo. En él desarrolla Freud la idea de que nuestra conciencia fabrica constantemente símbolos de la sexualidad, a veces de una pureza sublime y de una inmaterialidad platónica inefable.

El descubrimiento de este símbolo permitió al médico de hoy extender su clínica a los tiempos pasados y aplicar la psicoanálisis a los genios del pretérito, a las mitologías, religiones y formas sociológicas.

El libro presente es el más adecuado para introducir en el pensamiento freudiano a las gentes curiosas que hasta ahora lo desconocían. Poco a poco se va viendo en él aparecer el ingenioso edificio de observaciones y supuestos con que Freud pone cerco al secreto palpitante de nuestra intimidad psíquica.

[UNA FILOSOFIA DE LA HISTORIA]

(O. Spengler: *La decadencia de Occidente*)[1]

El libro de Oswald Spengler *La decadencia de Occidente* es, sin disputa, la peripecia intelectual más estruendosa de los últimos años. El primer tomo se publicó en julio de 1918; en abril de 1922 se habían vendido en Alemania 53.000 ejemplares y en la misma fecha se imprimían 50.000 del segundo tomo. No hay duda de que influyeron en tal fortuna la ocasión y el título. Alemania derrotada sentía una transitoria depresión que el título del libro venía a acariciar, dándole una especie de consagración ideológica.

Sin embargo, conforme el tiempo avanzaba se ha ido viendo que la obra de Spengler no necesitaba apoyarse en la anecdótica coincidencia con un estado fugaz de la opinión pública alemana. Es un libro que nace de profundas necesidades intelectuales y formula pensamientos que latían en el seno de nuestra época. Hasta tal punto es así, que una de las graves faltas del estilo de

---

1 [Prólogo a la traducción española, editada por la «Biblioteca de Ideas del Siglo XX», Madrid, 1923.]

Spengler es presentar como exclusivas y propias ideas que, con más o menos mesura, habían sido expresadas antes por otros. Puede decirse que casi todos los temas fundamentales de Spengler le son ajenos, si bien es preciso reconocer que ha adquirido sobre ellos el derecho de cuño. Spengler es un poderoso acuñador de ideas y quienquiera penetre en las tupidas páginas de este libro se sentirá sacudido una y otra vez por el eléctrico dramatismo de que las ideas se cargan cuando son fuertemente pensadas.

¿Qué es la obra de Spengler? Ante todo una filosofía de la historia. Los que siguen la publicación de esta *Biblioteca* habrán podido advertir que la física de Einstein y la biología de Uexküll coinciden, por lo pronto, en un rasgo que ahora reaparece en Spengler y más tarde veremos en la nueva estética, en la ética, en la pura matemática. Este rasgo, común a todas las reorganizaciones científicas del siglo XX, consiste en la autonomía de cada disciplina. Einstein quiere hacer una física que no sea matemática abstracta, sino propia y puramente física. Uexküll y Driesch bogan hacia una biología que sea sólo biología y no física aplicada a los organismos. Pues bien, desde hace tiempo se aspira a una interpretación histórica de la historia. Durante el siglo XIX se seguía una propensión inversa: parecía obligatorio deducir lo histórico de lo que no es histórico. Así, Hegel describe el desarrollo de los sucesos humanos como resultado automático de la dialéctica abstracta de los conceptos; Buckle, Taine, Ratzel derivan la historia de la geografía; Chamberlain, de la antropología; Marx, de la economía. Todos estos ensayos suponen que no hay realidad última y propiamente histórica.

Por otra parte, los historiadores de profesión, desentendiéndose de aquellas teorías, se limitan a coleccionar los «hechos» históricos. Nos refieren, por ejemplo, el asesinato de César. Pero «hechos» como éste ¿son la realidad histórica? La narración de ese asesinato no nos descubre una realidad, sino, por el contrario, presenta un problema a nuestra comprensión. ¿Qué significa la muerte de César? Apenas nos hacemos esta pregunta caemos en la cuenta de que su muerte es sólo un punto vivo dentro de un enorme volumen de realidad histórica: la vida de Roma. A la punta del puñal de Bruto sigue su mano y a la mano el brazo movido por centros nerviosos donde actúan las ideas de un romano del siglo I a. de J. C. Pero el siglo I no es comprensible sin el siglo II, sin toda la existencia romana desde los tiempos primeros. De este modo se advierte que el «hecho» de la muerte de César sólo es históricamente real, es decir, sólo es lo que en verdad es, sólo está completo cuando aparece como manifestación momentánea de un vasto proceso vital, de un fondo orgánico amplísimo que es la vida toda del pueblo romano. Los «hechos» son sólo datos, indicios, síntomas en que aparece la realidad histórica. Esta no es ninguno de ellos, por lo mismo que es fuente de todos. Más aún: qué «hechos» acontezcan depende, en parte, del azar. Las heridas de César pudieron no ser mortales. Sin embargo, la significación histórica del atentado hubiera sido la misma.

Quiero decir que la realidad histórica latente de que el acto de Bruto surgió como la fruta en el árbol, permanece idéntica más allá de la zona de los «hechos» —piel de la historia— en que la casualidad interviene. En este sentido es preciso decir que la realidad histórica no sólo es fuente de los «hechos» que efectivamente han acontecido, sino también de otros muchos que con otro coeficiente de azar fueron posibles. ¡De tal modo rebosa la realidad histórica el área superficial de los «hechos»!

No basta, pues, con la historia de los historiadores. Spengler cree descubrir la verdadera substancia, el verdadero «objeto» histórico en la «cultura». La «cultura», esto es, un cierto modo orgánico de pensar y sentir, sería, según él, el sujeto, el protagonista de todo proceso histórico. Hasta ahora han aparecido sobre la tierra varios de estos seres propiamente históricos. Spengler enumera hasta nueve culturas cuya existencia ha ido sucesivamente llenando el tiempo histórico. Las «culturas» tienen una vida independiente de las razas que las llevan en sí. Son individuos biológicos aparte. Las culturas son plantas —dice—. Y, como éstas, tienen su carrera vital predeterminada. Atraviesan la juventud y la madurez para caer inexorablemente en decrepitud.

Estamos hoy alojados en el último estadio —en la vejez, consunción o «decadencia» *(Untergang)* de una de estas culturas: la occidental. De aquí el título del libro.

La riqueza y problematismo de las ideas spenglerianas impide que yo ahora intente ni un resumen ni una crítica. En otro lugar espero ocuparme largamente de esta obra, ya que su presente versión me permitirá darla por conocida de los lectores hispanoamericanos.

Sólo añadiré dos palabras sobre esta traducción. El señor García Morente ha hecho un enorme y cuidadoso esfuerzo para conseguir transvasar al odre castellano la prosa de Spengler. El estilo del autor, su terminología son tan bravamente tudescos, que no era empresa dulce hallar sus equivalencias españolas. Yo mismo he colaborado un poco en la dura faena de esta versión. Hoy, al ofrecerla al público, me complace, sin embargo, pensar que, sin hallarse exenta de defectos, esta adaptación del libro alemán conserva fielmente el sentido y aun el gesto literario del original sin perder nada de su claridad. Cuando ésta falta puede el lector estar seguro de que no sobra en el texto alemán, y si alguna frase es equívoca en español lo es también, y con idéntica ambigüedad, en tudesco.

[LA SALVACION HISTORICA][1]

Los dos artículos siguientes vuelven a atraer la atención de los lectores que frecuentan esta revista sobre la obra del holandés Huizinga. Hace algunos años procuré que nuestra casa editorial —tan menuda de tamaño y tan íntima de intenciones— diese al público español una versión de la primera grande obra de este autor: *El Otoño de la Edad Media*[2]. Poco después esta obra se hizo ilustre y fue traducida a todos los idiomas próceres. No era extraño, porque cabe decir que en sus páginas llega la historiografía contemporánea a una de sus cimas. Va para antiguo que en mis errabundos escritos, en las ediciones de la *Revista de Occidente* y en las de «Espasa-Calpe» doy al público los empellones que puedo para inducirle al estudio de la historia. ¿Por qué? ¿Acaso por

1 [Presentación publicada en la *Revista de Occidente*, núm. CXLV, julio de 1935, como preliminar a los ensayos «Problemas y métodos de la historiografía moderna: J. Huizinga», por Carlos Antoni, y «La formación del tipo cultural holandés», por J. Huizinga.]

2 [Publicado por Revista de Occidente, 1.ª edición. Madrid, 1930.]

un derrame de beatería cultural? ¿Porque el hombre «debe ser culto»? No; yo no creo que el hombre «deba» ser culto en el sentido próximo que a esta palabra se da y que lleva también cuando se dice que el hombre debe afeitarse todos los días. Estos «deberes» que lo son precisamente porque, en última instancia, podríamos prescindir de ellos y, no obstante, pervivir; que no forman parte imprescindible de la condición humana, sino que tan sólo la «mejoran», como unos arreos que se agregan y unos dijes lucidos que se cuelgan, no me han interesado nunca[1]. Si yo digo al lector que estudie historia, me mueve la convicción de que sólo la historia puede salvar al hombre de hoy, porque la conciencia histórica ha llegado a ser, por vez primera, una radical necesidad de nuestra vida. Por tanto, no una curiosidad ni una diversión ni un lujo, sino un substancial menester. Como la llamada época moderna es el tiempo de la razón física, la etapa que ahora se inicia será la de la razón histórica. Esperémoslo cuando menos. De no serlo, nuestra civilización sucumbiría en una pavorosa y vertiginosa retrogradación. El mundo antiguo murió estrangulado por su insuficiencia en el dominio técnico de la naturaleza. La enorme mole del Imperio Romano no podía sostenerse con medios tan toscos, por ejemplo, de locomoción. Mas aquella incapacidad en las técnicas materiales no era un azar. Procedía de que los pueblos mediterráneos no consiguieron elevarse hasta la razón física. Las iniciaciones de ésta en las cabezas claras de algunos griegos anteriores no prendieron ni se consolidaron. En tiempos de Cicerón el hombre mediterráneo comenzaba ya a caer en franca estupidez delante de la naturaleza. Como es sabido, fue Posidonio, maestro de Cicerón, el último antiguo capaz de pensar por su cuenta ante los fenómenos cósmicos. Esta obnubilación de las

[1] Véase ya en *España invertebrada*, 1921, el capítulo «La magia del "debe ser"». [Publicado en esta Colección.]

mentes fue aprovechada, como un boquete, por las religiones orientales para inundar la humanidad de Occidente. Lo cual no es decir que la religión sea una estupidez. Es enunciar simplemente un hecho bien claro, pero que debiera ser más conocido: que antes de surgir el cristianismo los hombres se habían vuelto bastante estúpidos.

Hoy contamos con sobra de técnicas materiales, pero, en cambio, la enfermedad es de otra índole. Nuestra civilización corre un riesgo parecido al que volatilizó a la antigua —parecido y opuesto. Puede morir por falta de técnicas morales. Nuestros problemas no son físicos, sino de humanidades. Y lo humano es lo histórico. Vemos que se afrontan hoy los grandes conflictos colectivos con medios paleolíticos. Pero no olvidemos que los conflictos del hombre de Altamira eran también paleolíticos, es decir, problemas primerizos, de vida casi sin precedentes, sin un complejísimo pasado a la espalda. Mas ya el entender esto de verdad supone algunos atisbos de razón histórica, supone haber caído en la perogrullesca cuenta de que el presente *consiste* en el pasado, se *compone* del pasado, que las cosas que han pasado son los elementos de que se integra toda actualidad humana, como los átomos son los elementos de la materia. Ahora bien, en pueblos que tienen tras sí un larguísimo pretérito sin grandes soluciones de continuidad la vida tiene por fuerza que ser muy difícil. No pueden vivir a la buena de Dios. La existencia humana, conforme acumula pasado, va, sin duda, *progresando,* pero, a la vez, se va enrareciendo, sutilizando.

Valga esto que en mayor desarrollo y con más luz va en un libro mío próximo a publicarse, como indicación de por qué pido a los lectores que estudien historia y por qué en esta revista nos ocupamos nuevamente de Huizinga.

Yo no digo que *El Otoño de la Edad Media* o el *Erasmo,* de Huizinga, sea ya razón histórica. Más bien creo que no lo son. En otro libro de este autor, también traducido, *Sobre el estado actual de la ciencia histórica*[1], puede verse cómo conserva un grave resto de ateísmo histórico que rezuma en sus investigaciones originales. Hace tiempo deseo someter a un análisis rigoroso la obra de Huizinga, porque su misma perfección permite precisar con toda claridad lo que a esta manera de investigar el pasado humano falta aún para ser verdaderamente historia, en el sentido que esta palabra puede tener cuando descubra la razón que lleva en su propio vientre. Pero este análisis supondría que el libro de Huizinga ha sido leído, de verdad leído, por un círculo algo amplio de lectores. Tal suposición sería errónea. *El Otoño de la Edad Media* no ha sido leído casi por nadie en nuestro país. Y esto me da pena... por los lectores.

[1] [Editado por Revista de Occidente, Madrid, 1934.]

[EL SIGLO XIX Y FRANCIA][1]

(Guizot: *Historia de la civilización en Europa*)

La cosa no ofrece duda: quien quiera de verdad ver claro qué es lo que pasa en el mundo lo primero que necesita hacer es repasar a fondo y con mirada alerta la historia europea del siglo XIX. Aunque personalmente carezca de superior perspicacia se sorprenderá al advertir la sencillez con que le son revelados misterios que parecían inasequibles. El presente de Europa —y del mundo— cobrará a sus ojos inesperada transparencia.

Siempre ha acontecido esto. Cuando el inmediato futuro se hace demasiado turbio y se presenta excesivamente problemático el hombre vuelve atrás la cabeza, como instintivamente, esperando que allí, atrás, aparezca la solución. Este recurso del futuro al pretérito es el origen de la historia misma.

Y cabe decir más. La mirada hacia el pasado busca en él a mayor o menor profundidad según sea el calado del azoramiento ante el futuro, según sean más o menos básicas las cosas que se han vuelto problemáticas.

Como en nuestro tiempo la inseguridad del porvenir

[1] [Artículo publicado en *La Nación* de Buenos Aires, el 1-12-1935.]

—de qué es posible y qué es imposible— afecta a los estratos últimos de la vida actual, como «no se está seguro de nada», será preciso sumergirse en la historia hasta honduras abismales. Pero es el caso que entre el largo pretérito y nosotros se interpone este próximo pasado del siglo XIX sobre el cual nos faltan ideas claras. Sabemos mucho más de las centurias anteriores, pero este saber no nos sirve porque nuestra ignorancia del siglo último impide que la luz hecha sobre aquellos milenios ilumine nuestro presente. Urge, pues, disipar la neblina sobre la cual brilla un sol magnífico.

Esta colección de «Libros del siglo XIX»[1], cuya palmaria modestia nos liberta de toda pretensión, tiene, sí, el propósito de incitar al contacto mental con esa época tan cercana a nuestra realidad y tan lejana a nuestro conocimiento. Ni capricho ni azar han hecho que comencemos con libros que se refieren a Francia. En cada época la realidad histórica tiene una peculiar topografía. Tal vez el símil mejor fuera la atmósfera que en cada instante está organizada en un sistema especial de altas y bajas presiones, las cuales determinan la trayectoria de las corrientes aéreas. Las históricas parten del centro de mayor presión y soplan hacia lo débil. Este mapa de las corrientes vivas es lo primero que ha de hacerse cuando se pretende entender un tiempo humano.

En el siglo XIX el centro es Francia para bien como para mal. Inglaterra, que en todos los órdenes se ha anticipado al continente, no ha influido nunca sobre él de manera directa. Siempre fue menester que primero ejerciese un influjo particular sobre Francia y ésta luego lo transmitiese a la redonda.

Al libro de Heine sobre el estado de Francia en 1831 hacemos que siga el curso clásico de Guizot, *Historia de la civilización en Europa*[2]. Este curso fue dado en la

[1] [Colección publicada por la Revista de Occidente, Madrid, 1935.]

[2] [*Lo que pasa en Francia,* por Enrique Heine. Posteriormente se publicaron los *Elementos de Política,* de Adam Müller, y *Panfletos políticos,* de Paul Louis Courier.]

Sorbona el año de 1828. Guizot tenía entonces cuarenta y un años. Reinaba Carlos X, que iba a ser destronado dos años más tarde.

Este libro es un buen ejemplo de lo que acabo de decir. Su propósito es hacer ver con alguna claridad qué era lo que *de verdad* pasaba en el mundo por aquella fecha. Lo que en la superficie pasaba se llamaba restauración. Siempre, claro está, pasa algo en la superficie de la historia. Quiera o no, como los cuerpos, la realidad histórica ha de tener una superficie. Conviene hacer constar esta gedeonada para añadir en seguida que ese acontecer somero no es nunca propiamente lo que de verdad está pasando. La incongruencia entre el haz y el fondo es unas veces menor, otras veces mayor, pero existe siempre.

La restauración es un caso bien claro de esta ley: se presentaba como la vuelta de la legitimidad borbónica. ¿Pero puede *pasar* que algo de verdad vuelva?

De 1780 a 1815 Francia había hecho las tres experiencias puras que cabe hacer y que son siempre las más fáciles: primero había vivido bajo la monarquía tradicional; luego, con la revolución, había intentado la democracia radical; más tarde, con Napoleón, el autoritarismo no menos radical. Agotado el ciclo de las experiencias puras, no quedaba otro remedio que ensayar las mezclas. La restauración fue la primera combinación de principios antagónicos. Se llama a los Borbones, mejor dicho, se los aguanta pero atándoles antes las manos. La nueva monarquía llega previa otorgación de una Carta constitucional. El poder público es ahora un pacto entre el rey y el pueblo. La cosa no resulta muy clara. Lo claro era una de estas dos cosas: el soberano es el rey o el soberano es el pueblo. Pero en esta monarquía, según la Carta, ni el rey ni el pueblo son soberanos. Cada uno de ellos posee sólo un fragmento de soberanía que sólo ajustado con el otro engendra ésta. Pero ello significa que a ningún poder puede atribuirse soberanía, es decir, último e incondicionado derecho a mandar. Tal situación era completamente nueva en el continente. Para encontrar algo parecido fuera menester retroceder a la Edad Media. Pero entonces nos encontramos con algo que sólo negativamente se asemeja. Encontramos sí que nadie manda con carácter absoluto, pero es porque, en rigor, en la Edad Media nadie manda en el sentido plenario que esta palabra tiene desde el siglo XVI y XVII, es decir, mando de Estado, poder público. Al aparecer primero en España con los Austrias, luego en Francia con Luis XIV esa extraña cosa que es el Estado con toda su pureza y su vigor, surgen dos cuestiones no sólo ideológicas sino harto pragmáticas antes desconocidas en Europa. ¿Quién tiene derecho a ejercer esa terrible operación de mandar estatalmente, de usar el poder público? ¿Qué límites tiene, si es que los tiene, la imperación gubernamental? El antiguo régimen, la soberanía nacional de la república democrática, el cesarismo son tres situaciones de ello tan claras que es sobremanera fácil formarse una idea de ellas no menos clara. Pero esta monarquía cartista, que es el hecho con que se encuentran los franceses en 1815, es, como hecho, materia confusa y que nadie por esos años había logrado digerir intelectualmente. Sólo un hombre nacido en 1763, el solemne y mordaz Royer-Collard, había extraído de él algunos pensamientos agudos. De ellos parte Guizot para llegar a ser el verdadero constructor de una doctrina política en que esta mezcla de principios —el derecho histórico de los reyes y el derecho ideal, racional, *a priori* del pueblo— viene a cohabitación. Esta fue la doctrina de los famosos «doctrinarios». Este nombre revela fulminantemente lo que entonces acontecía en la superficie de la historia: nadie sabía qué pensar de lo que estaba pasando. El grupo de Royer-Collard y Guizot fue el primero que dominó intelectualmente los hechos, que tuvo una «doctrina». Y, como es inevitable, se hizo dueño de ellos. Parece una broma pero es así, irremediablemente: la cosa más etérea del mundo, que es la claridad, tiene mayor poder que el puño más fuerte.